生活因阅读而精彩

生活因阅读而精彩

陶玉立 ⊙编著

NI DE LIYI
JIAZHI BAIWAN

你的礼仪
价值百万

优质人才的行为规范
金牌员工的双赢法宝

礼仪融于生活之中，行于职场之中。用礼、懂礼、知礼、行礼，熟练运用各种礼仪，不仅能赢得尊敬、认同、亲近，也为日后合作创造有利的时机。

中国华侨出版社

图书在版编目(CIP)数据

你的礼仪价值百万 / 陶玉立编著. —北京：
中国华侨出版社, 2012.3

ISBN 978-7-5113-2142-8

Ⅰ.①你… Ⅱ.①陶… Ⅲ.①宴会–礼仪–基本知识
Ⅳ.①K891.26

中国版本图书馆 CIP 数据核字(2012)第 008418 号

你的礼仪价值百万

编　　著 /	陶玉立
责任编辑 /	梁　谋
责任校对 /	李江亭
经　　销 /	新华书店
开　　本 /	787×1092毫米　1/16 开　印张/17　字数/242 千字
印　　刷 /	北京建泰印刷有限公司
版　　次 /	2012 年 3 月第 1 版　2012 年 3 月第 1 次印刷
书　　号 /	ISBN 978-7-5113-2142-8
定　　价 /	29.80 元

中国华侨出版社　北京市朝阳区静安里 26 号通成达大厦 3 层　邮编：100028
法律顾问：陈鹰律师事务所
编辑部：(010)64443056　　64443979
发行部：(010)64443051　　传真：(010)64439708
网址：www.oveaschin.com
E-mail：oveaschin@sina.com

前言 QIANYAN

在现代社会,礼仪的修养程度,成为了一个人和一个社会文明程度的标志。优雅的行为举止,得体的仪态和言语,真挚的情感和规范的动作等成为构建人与人之间亲切度的桥梁,其力量和价值都是无可比拟的。

在职场中,拥有良好的礼仪会在工作中如鱼得水,深受同事们的欢迎,深得老板的喜爱和器重;拥有良好礼仪的员工更是企业的形象,在与客户交流中,员工的一举一动都牵动着公司的命脉。

生活中,拥有良好的礼仪会成为朋友之中的"人气之星",走到哪里都很受欢迎,幸福的生活会向你伸出橄榄枝。

你的礼仪价值百万,一次的失礼,带来的往往不仅仅是失意与沮丧、难堪和尴尬,更可能是人生与职场的失败。所以,很多人把礼仪看作是一个人的社交金钥匙,是职场活动中的通行证。

本书从订餐、宴请、点菜、仪态、礼节、商宴、品饮、交流、涉外等方面为读者展示职场宴请的多面性,为读者构造一个成功者地礼仪形象,让读者从中读懂礼仪在生活与工作中的重要价值。

　　这是一本全新的形象礼仪书,以实用而规范的解说,向你展示了礼仪价值的秘密。在生活中,灵活掌握和运用,会让你的举止流露出自信和得体。在职场中,灵活掌握和运用,会让你的职场生涯变得更加流畅和顺心。

　　礼仪是潜移默化的东西,掌握以后多多应用,自然可以影响你的一生。

目录 MULU

第三章 **择宴篇**
——职场礼仪之点菜

第四章 **形象篇**
——职场礼仪之仪态

第五章 礼节篇（上）
——职场礼仪之中餐

第六章 礼节篇（下）
——职场礼仪之西餐

第七章 **商务篇**
——职场礼仪之商宴

第十章 涉外篇
——职场礼仪之外交

第一章　预订篇
——职场礼仪之订餐

有礼貌不一定总是智慧的标志，可是不礼貌总使人怀疑其愚蠢。

——兰道尔（英国）

古人云"夫礼之初，始诸饮食"，"设宴待嘉宾，无礼不成席"，可见中华饮食文化源远流长。"吃"在中国已经上升到了文化的高度，称"美食文化"。对于职场人士来说，宴请是绝佳的职场沟通和会谈的方式。然而，任何职场宴请，目的都必须是明确的，没有人是为吃而吃。更重要的，是要创造出一种有利于宾主双方进行进一步交流的气氛。要做到这一点，首先得在订餐上下功夫。

订餐可不像"订货"。人们要买家具可以到家具城慢慢逛，选好样儿再订。订餐可就不同了，时下没有哪家饭店，每天都把一桌"家宴"摆在橱窗里当做"样品"。订餐，又叫订位。得体的订餐，不仅可以避免趁兴而来、败兴而归情况的发生，还可以达到花同样的钱获得更高雅、更舒适的用餐空间的目的。

预订宴席的重要程序

订餐是职场宴请中一个重要的环节。在宴会上，特别是在重要宴会上，用餐的环境和整体档次定位是最关键、最重要的。因此，预定宴席环节是不能被忽视的。一般来说，可以按照以下程序进行：

1. 了解有关宴请活动的各种信息

宴请活动的信息主要包括：了解赴宴的客人人数，了解宴会规格，了解宾客风俗习惯，了解宾客生活忌讳，了解宾客特殊需要。对于规格较高的宴会，还应掌握宴会的目的和性质，宴会的正式名称，宾客的年龄和性别，有无席次表、座位卡、席卡，有无音乐或文艺表演，有无司机费用，主办者的指示、要求、想法等。

2. 询问与订餐相关的信息

向中意的餐饮经营单位询问与订餐相关的信息。一般有关问询的内容通常包括：宴会厅是否有空档；宴会厅的规模及各种设备情况；宴会主办单位提出的有关宴会的设想以及在宴会上安排活动的要求能否得到满足；中西餐宴会、酒会、茶话会等的起点标准费用；高级宴会人均消费起点标准；大型宴会消费金额起点标准；宴会的菜肴、饮料的费用；宴会菜肴的内容；各类宴会的菜单和可变换、递补的菜单；不同费用可供选用的酒单；宴会中主要菜点和名酒的介绍及实物彩色照片；不同费用标准的宴会，饭店可提供的服务规格及配套服务项目；饭店所能提供的所有配套服务项目及设备；中西餐宴会、酒会、茶会的场地布置、环境装饰和台型布置的实例图；宴会预订金的收费规定；提前、推迟、取消预订宴会的有关规定等。

3. 订餐的正式确认

虽然在订餐时预订人员已经记下顾客所有的要求，但是客人日后可能变卦却仍是个潜在的问题。所以，对于大型宴会，酒店预订人员还会再将双方所同意的事项记录在合同书上并请订餐方签字，以保障订餐方与酒店自身的权利。

4. 订餐变更

由于种种原因，数个月前甚至几个小时前订的餐可能会有所变更。如有时候会对宴会细节稍作修改、参加人数的增减、桌形的改变等；饭店方面有时也会发生变动。为适应这种临时变更，订餐人员应该及时与酒店有关人员确认订餐的相关事项，将发生错误的可能性降至最低。

通常更改订餐的程序如下：

★ 无论用电话还是面谈形式，对已预订过的宴会或其他活动进行更改时，态度要和蔼、真诚。

★ 说明更改的项目、原因。

★ 尽快将处理的信息传递给所邀请的客人，并向客人表示歉意。

5. 取消订餐

由于某种原因，预订的宴会除发生变更外，也可能被取消。如取消订餐，应及早通知酒店方和所邀请的客人，并说明取消的原因。

为了保证宴会预订的确认，饭店通常会要求已确定日期的顾客预付一定数量的订金，一般大型宴会的订金为总费用的 10%~15%。一般对订金的处理有以下几种方式：

★ 如果顾客超过酒店规定的限期取消预订，订金将不予返还，如果对方与酒店有良好的信用关系或经常在该酒店举办小型宴会，则不必付订金。

★ 对于确认后届时不到的客人，按全价收费。

★ 取消预订，一般要求在宴会前一个月通知酒店，这样不收任何费用。若是在宴会前一个星期通知，预订金将不予返还，还要收取整个宴会费用的5%作为罚金。

确定宴请的时间

在确定宴请时间之前，有必要先了解一下宴请的原则。职场宴请的礼仪有下列两条基本原则：

★ **适量原则**

宴请的适量原则是指在职场宴请活动中，对于宴请的规模、参与的人数、用餐的档次以及宴请的具体数量，都要量力而行。务必要从实际需要和实际能力出发，进行力所能及的安排。而切忌虚荣好强、炫耀攀比，甚至铺张浪费、暴殄天物。

★ **4M 原则**

宴请的 4M 原则是在世界各国广泛受到重视的一条礼仪原则。其中的"4M"，指的是 4 个以 M 为字头的单词，分别是：

Menu，精美的菜单。

Mood，迷人的气氛。

Music，动人的音乐。

Manner，优雅的礼节。

它们都是人们在安排宴请活动时，应当注意的重点问题。4M 原则的主要含义，就是要求在安排或者参与宴请活动时，必须优先对菜单、气氛、音乐、礼节等四个方面的问题加以高度重视,并应力求使自己在这些方面的所作所为符合律己、敬人的行为规范。

在订餐前,首先要考虑宴请的时间。如何确定宴请的时间呢?正式宴请的时间主要遵从民俗惯例,也要从自己的客观的能力出发,讲究主随客便,并对用餐时间的具体长度进行必要的控制。

1. 民俗惯例

中餐特别是中餐宴会具体时间的安排,根据人们的用餐习惯,依照用餐时间的不同,分为早餐、午餐、晚餐三种。至于在宴请他人时,究竟应当选择早餐、午餐或晚餐,不好一概而论。不过,在绝大多数情况下,确定正式宴请的具体时间,主要遵从民俗惯例。

2. 主随客便

在职场宴请中,最高级别的宴请通常是午餐或者晚餐甚至晚宴。午餐通常是工作餐,晚餐通常是用于放松心情联络感情的,晚宴则是用于庆祝工作目的的实现。

在决定具体时间时,主人不仅要从自己的客观能力出发,更要讲究主随客便,要优先考虑被邀请者,特别是主宾的实际情况,不要对这一点不闻不问。如果可能,应该先和主宾协商一下,力求双方的方便。至少,也要尽可能提供几种时间上的选择,以显示自己的诚意。

3. 日期的选择

宴请日期的确定,一般有三种方法:一是按主人的需要安排,如企业开张、友人聚会等;二是随客人的因素而定,如接风送行等;三是考虑主客人的共同方便的时间,如职场聚会等。通常以适应多数宾客能来参加宴会为确定宴请时间的准则,特别要考虑主要宾客最合适的时间。

在确定宴请日期时,需要注意的是,要尽量避开宾主双方不方便的时间。例如,重要的活动日、纪念日、节假日,某一方面不方便的日子或忌日等。

4. 时间的控制

对于用餐时间，有必要加以适当的控制，既不能匆匆忙忙走过场，也不能拖拖拉拉地耗时间。一般认为，正式宴会的用餐时间应为 1.5~2 个小时，非正式宴会与家宴的用餐时间应为 1 个小时左右，便餐的用餐时间一般为 30 分钟。

订餐地点的选择

职场宴请不同于一般的请客吃饭，这里的吃饭不只是吃饭，更是"沟通""办事"，因此吃饭的地点很重要。在选择宴请地点时，要考虑到饭店的远近，可挑选的食物及其质量、卫生、价格、服务态度，饭店的设施和装修，交通情况，营业时间等。这些方面都会对宴请活动产生一定的影响，所以在确定宴请地点时，一定要考虑周全。

具体来说，主要从以下几方面来确定订餐的地点：

1. 宴请的对象

一场宴会，少则十几人，多则上千人，要想使一种宴会环境满足所有参加者的心理要求是很难的。这就要求职场人士在确定宴请地点时，尽量满足大多数人的心理要求，同时侧重迎合少数特殊人物的心理要求。

比较重要的客人，为了表示对其的敬重，宴请的地点可选择在传统名店或星级饭店，甚至专选四星级、五星级饭店。比较熟悉的客人，为了显示对其的热情和主客间的情谊，宴请的地点可以安排在主人家里。

通常来讲，当主宾的身份、地位、影响高于主人时，以主宾为主。当主宾

6

的身份、地位、影响低于主人时，则要以主人为主。会议宴请时，要以要以会务组人员和大会主席为主。普通的平民百姓宴请时，一般以买单者为主。

2. 交通情况

在当今的各大城市里，交通情况如何是必须要考虑的。如与宴者来去交通是不是方便，有没有公共交通线路通过，有没有停车场，是不是要为与宴者预备交通工具等。一般来讲，采取就近原则，如果附近有令人满意的餐厅，那么就首先考虑这家。如果某餐厅名声很响，大家向往已久，但路途遥远，这时要考虑这番长途跋涉是否值得，以及所去之处停车位的情况怎么样。

3. 环境优雅

职场宴请不仅仅是为了"吃东西"，吃什么本身变得已经不重要了，重要的是"品文化"，也就是讲究吃的环境、吃的方式、怎么吃这顿饭等。所以，订餐地点的选择显得尤为重要。

如果就餐地点档次过低，环境不好，即使菜肴再有特色，也会使宴请大打折扣。因此，在可能的情况下，一定要争取选择清静、优雅的地点用餐。

4. 良好的卫生

在确定职场宴请的地点时，一定要看卫生状况是否良好。因为外出用餐时，人们最担心的往往是"病从口入"的问题。如果用餐地点过脏、过乱，不仅卫生问题让人担心，而且还会破坏用餐者的食欲。

5. 其他注意事项

★ 确定用餐地点时，要考虑饭店的设施是否完备，如该有的设施是不是有，已有的设施能不能用等。

★ 要确保所选的饭店符合客户的口味，因此要注意询问宾客是否有任何饮食方面的偏好，比如是不是属于素食主义者，是不是爱好吃鱼或辣的食物，是不是不喜欢吃多加调料的食物。

★ 不同的餐厅口味不同，很多人喜欢尝试新鲜时髦的菜肴。当你不了解宾客的饮食嗜好时,不要自作主张地去冒险,应该选择一家传统的享有盛名的餐厅。

总之,宴请活动的地点,要根据宴请活动本身的目的、性质、规格、形式以及主人意愿和实际可能状态,进行恰当地选择,既不能"装穷",也不可"摆阔"。一定要讲究"一切从实际出发"的原则。

安排客人都满意的菜单

根据我国的饮食习惯,与其说是"请吃饭",还不如说成"请吃菜"。所以对菜单的制定马虎不得。

1. 制定菜单的原则

最好每位客人都有一份,若实在不行,至少两套餐具之间摆上一份菜单。菜单可以摆在餐具的左边或是餐桌中央。

在私人家里,主人可以有自己的菜单架,使菜单直立,以便观看。菜单一般由印刷成册,应当尽量美观。颜色以淡雅为最好,公司的菜单还可印上公司的标志或广告语。

2. 制定菜单的礼仪

在宴请前,主人需要事先对菜单进行再三斟酌。要着重考虑哪些菜可以选用,哪些菜不能选用。

★ 优先考虑的菜肴

第一类是有中餐特色的菜肴。宴请外宾的时候,选有中餐特色的代表性菜肴尤为重要。比方说,中餐里的龙须面、炸春卷、煮元宵、狮子头、蒸饺子、烤白薯、土豆丝、炒豆芽、鱼香肉丝、宫爆鸡丁、糊辣汤、麻婆豆腐、榨菜肉丝汤等。这些虽是寻常百姓之食，并非佳肴美味，但因其具有鲜明的中餐特色，所以受到很多外国朋友的推崇。

第二类是本餐馆的看家菜。大凡名声在外的餐馆，自然都少不了自己的看家菜，高档餐馆尤其是如此。上一道本餐馆的看家菜，能说明主人的细心和对被请者的尊重。

第三类是有本地特色的菜肴。在饮食方面讲究的是"南甜，北咸，东辣，西酸"。各地的菜肴，风味不同。上海的"小绍兴三黄鸡"，天津的"狗不理包子"，西安的"老孙家羊肉泡馍"，成都的"龙抄手"、"赖汤圆"，湖南的"毛家红烧肉"，开封的"灌汤包子"，云南的"过桥米线"，西双版纳的"菠萝饭"，都在国内久负盛名。在那里宴请外地客人时，上这些特色菜，恐怕要比"千人一面"的生猛海鲜更要受到好评。

第四类是主人的拿手菜。举办家宴时，主人一定要当众露上一手，多做几个自己拿手菜。其实，所谓的拿手菜不一定十全十美。只要主人亲自动手为来客烧菜，单凭这一点，足以让对方感觉到你的尊重和友好。

★ 不宜选择的菜肴

在安排菜单时，还必须考虑来宾的饮食禁忌，特别是要对主宾的饮食禁忌高度重视。这些饮食方面的禁忌都是不宜选择的菜肴，通常有以下四条：

第一是宗教的饮食禁忌。宗教的饮食禁忌，一点也不能疏忽大意。对此要是不求甚解，或是贸然犯禁，都会带来很大的麻烦。

第二是个人的饮食禁忌。有一些人，由于种种因素的制约，在饮食上往往也会有一些与众不同的饮食禁忌。比方说，出于健康的原因，有些人对于某些食品的禁忌。如：胃肠炎、胃溃疡等消化系统疾病的人不合适吃甲鱼；高血压、高胆固醇患者，不宜多喝鸡汤；心脏病、脑血管、脉硬化、高血压和中风后遗症的人，不适合吃狗肉等。

　　第三是职业的饮食禁忌。有的职业，出于某种原因，在餐饮方面往往也有各自不同的特殊禁忌。例如，国家公务员在执行公务时不准吃请，在公务宴请时不准大吃大喝，不准超过国家规定的标准用餐。再如，驾驶员工作期间不得喝酒。要是忽略了这一点，极有可能使对方犯错误。

　　第四是地区的饮食禁忌。在不同的地区，人们的饮食偏好往往不同。对于这一点，在安排菜单时要兼顾。比如，湖南省份的人普遍喜欢吃辛辣食物，少吃甜食。英美国家的人通常不吃宠物、稀有动物、动物内脏、动物的头部和脚爪。若是硬为其提供，那可就强人所难了。

西餐的主要菜式

1. 法国菜

　　法国菜选料十分广泛和奇特，许多山珍、野味、果蔬、海鲜等均可制成名菜，蜗牛、块状菌类、动物胰脏、脑等不常见的原料在法国菜中出现得比较多。法国菜比中国菜更多地使用肉、禽、海产等。但是，由于国土、气候的限制，法国不可能拥有像中国菜那么多的原料。为了克服这一点，法国人创造了多种原料食品加工法，把有限的原料加工成更多的食物半成品。

　　★ 新鲜、生冷

　　法国人多喜欢吃略带生口的菜肴，因而原料多选活的、新鲜的，如海鲜大拼盘，高脚架银盆上铺满碎冰块，上放煮花蟹、大鲜虾、生蚝（牡蛎）、法国淡菜（贻贝）、蚬、东风螺等，另配汁酱等，保持了海鲜冷吃的特色，此菜极为名贵。法国菜对原料的要求非常精细严格,不合要求的原料绝不使用或降级使用。

★ 烹调方法多

法国菜的烹调方法较多,几乎包括了西餐所有的烹调方法,如烤、煸、铁扒、焖、烩等,每道菜的烹调都很讲究,有时有道菜要经过数道工序才能完成;很多菜都要煮 8 小时以上。菜肴半熟鲜嫩是其特点之一,如烤牛排、羊腿以七成熟即可,烤野鸭四成熟就可进食,牡蛎加柠檬汁则完全生食。

★ 讲究调味

法国菜十分讲究调味,使用的调料种类很多。一是香料(包括香草),二是酒,不同的菜肴使用不同的酒,有时一个菜中甚至要用几种酒或多次用酒,三是调味汁,法国菜对调味汁的做法非常重视,各式调味汁多达百种以上。

★ 代表名菜

法国的名菜很多,如鹅肝酱、煸蜗牛、牡蛎杯、洋葱汤等,著名的地方菜有南特的奶油鳝鱼、鲁昂的带血鸭子、马赛的普罗旺斯鱼汤等。

2. 意大利菜

意大利菜注重原料本质而保持原汁原味,一般汁浓味厚。调味料擅长使用番茄酱、酒类、柠檬、阿里根奴及帕米森奶酪等。

★ 火候把握严格

意大利菜对火候的要求很考究,该熟透的一定熟透,该煮烂的一定煮烂。很多菜肴要求烹制成六七成熟,牛排要鲜嫩带血,做米饭和面条、通心粉也都要有硬心。烹调方法以炒、煎、炸、红烩、红焖等著称,烧烤的菜不多。

★ 以米、面做菜

以米、面做菜,是意大利菜肴最明显的特点。意大利人制作的面条至少有几十种,其烹调方法很多,可煮、烤、炒,佐食肉类菜肴。

★ 代表名菜

典型的意大利菜肴有意大利菜汤、罗马式炸鸡、披萨饼等。

3. 英国菜

英式菜选料比较简单，虽是岛国但渔场不太好，所以英国人不太讲究吃海鲜，比较偏爱牛肉、羊肉、禽类等。

★ 讲究原汁原味

简单而有效地使用优质原料，并尽可能保持其原料的质地和滋味是英国菜的重要特色。英国菜的烹调对原料的取舍不多，一般用单一的原料制作，要求厨师不加配料，保持原料的原有滋味。

★ 追求家常味

英国菜有"家庭美肴"之称。英国烹饪法根植于家常菜肴。只有原料是家生、家养、家制时，菜肴才能达到满意的效果。

★ 烹调方法简单

英国菜烹调相对来说比较简单，配菜也较简单，香草与酒的使用较少，常用的烹调方法有煮、烩、烤、煎、蒸等。

★ 代表名菜

常见的英式菜有土豆烩羊肉、牛尾汤、烧鹅等。

4. 美国菜

派生于英国菜的美国菜发展至今，传统的咸鲜甜口味已趋向清淡、生鲜。

★ 口味清淡

在用料上，黄油改用植物黄油或生菜油，奶油改用假奶油（即完全脱脂奶油），奶酪改用液态奶酪；做生菜沙拉不用马乃司少司，做水果菜不用罐头水果，浓汤改清汤；肉类则多用低脂肪、低胆固醇的水牛肉与鸵鸟肉。素食和生食比较盛行。烹调方法以煮、蒸、烤、铁扒为主。

★ **多用水果为原料**

美国盛产水果,用水果作原料相当普遍。美式菜的沙拉中用水果很多,如用香蕉、苹果、梨、橘子等。另外,在热菜中也常使用水果,如菠萝焗火腿、苹果烤火鸡、炸香蕉等。

★ **代表名菜**

典型的美国菜有苹果黄瓜沙拉、华道夫沙拉、美式螃蟹杯、美式煮鱼、姜汁橘酱鱼片、美式花旗大虾等。

5. 俄罗斯菜

俄罗斯气候寒冷,人们需要较多的热能,所以传统的俄式菜一般油性较大,口味也较浓重,而且酸、甜、咸、辣各味俱全,烹调方法以烤、焖、煎、炸、烩、熏见长。

★ **讲究小吃**

俄式小吃是指各种冷菜,其特点是生鲜,味酸咸,如鱼子酱、酸黄瓜、冷酸鱼等。俄式小吃品种之多,花样之全,风味之独特,是其他国家不可比拟的。

★ **擅做菜汤**

俄罗斯人喜欢做菜汤,他们每日膳食中必有用肉、鲜白菜、酸白菜及其他多种蔬菜和调料制作的菜汤,常见菜汤有 60 多种,鱼汤的款式也很多。莫斯科的红菜汤颇具盛名。

★ **代表名菜**

典型的俄罗斯菜有鱼子酱、莫斯科红菜汤、莫斯科式烤鱼、黄油鸡卷、红烩牛肉等。

预定宴会的常见方式

订餐方式是宴会主办方与酒店预订员之间联络、沟通所采取的方式。宴请对象和主题不同，预订方式也不同。

1. 电话订餐

电话订餐是一种很普遍、很实用的订餐方式。电话订餐主要用于小型宴会预订。订餐应说明单位名称、人数、标准、时间，留下联系人姓名和电话。如有其他的特殊要求和问题，也可一并提出。

需要提醒的是，拨通饭店订餐电话时，要用敬语问候，说话要礼貌。

2. 面谈订餐

面谈是最常见的宴会预订方式，面谈可以增进彼此信任和了解，有利于达成一致意见。订餐者通过与宴会预订员或销售员面对面交谈，可以充分了解酒店举办宴会的各种基本条件和优势，可以咨询和协商一些举办宴会的细节问题，也可以解决宾客提出的一些特殊要求。

在进行面谈时，需要注意以下几方面：

★ 对于预订员或宴会销售员，你要礼貌问候，向店方表示感谢。

★ 把自己的要求叙述清楚，如要说明自己的姓名、单位名称、电话号码、预定内容、特殊要求等，以免到时候出现麻烦，影响宴请活动的顺利进行。

★ 对于饭店提供的标准菜单，要认真地挑选并确认，菜单中的个别菜肴可视情况适当予以调整。如果有特殊要求的，比如某一份菜肴不放辣椒，要让店方确认。

★ 必要时,应根据与饭店达成的协议,草拟合同,以避免出现不必要的麻烦。比如遇到重大活动和宴会,一般需要草拟合同。在草拟合同时,对于没有确定的事宜或需要改动的事宜,应注明最后确认时间。

3. 信函订餐

信函订餐以书面的方式询问和回答有关问题,它适宜远距离、长时间订餐的客人和企事业单位。信函订餐后还要与酒店保持联络,并结合电话预订或面谈,最终达成协议。

4. 电传订餐

电传订餐是介于电话订餐与信函订餐之间的方式,它比信函订餐速度要快,比电话订餐更具体、更准确。一般用于比较正式的场合,如公司请客,用餐人数较多的情况下。除了一般的宴请时间、人数、预订内容外,其他的要求,如有无吸烟区、偏爱的包间等,也可以在信上写明。

5. 网上订餐

随着网络技术的发展和普及,网上订餐业务也发展起来。网上订餐的特点是方便、实惠和个性化。如果公司要在周末举行一场宴会,订餐时,只要从电脑记录中调出参加宴会人员的个人档案,进入网络系统,输入参加宴会的人数、宴会地点、消费标准、个人口味、喜好及忌口,网络上就出现可选择餐厅,选中最佳餐厅,进入该餐厅目录,查寻餐厅菜品和介绍,最后通过网络订餐、点菜,注明就餐时间、上菜速度以及付款方式等。

6. 中介订餐

中介订餐是指通过专业的中介公司或饭店内部职工进行的预订。专业公司可与饭店宴会部签订常年合同代为预订,收取一定佣金。饭店内部职工代为预订,适用于对饭店比较熟悉的老客户。

成功订餐的八大秘诀

宴请活动不是简单的吃饭，它关系着生意机会、职业前途等。订餐属于宴请活动中的一个重要环节，这一环节处理不当可能失去客户或朋友的信任。那么，如何才能成功订餐呢？以下是成功订餐的八大秘诀：

1. 掌握订餐的六大要素

订餐的六大要素是指时间、价格、对象、事由、条件、规模，这六要素在订餐时都应该向饭店提供。

2. 不要全信媒体广告

人们"订餐"一般都是根据媒体广告来决定到哪家饭店去吃。但由于商家的广告更多都是推出自家的主打菜肴，于是消费者通过这些广告并不能真正了解订餐之后到底能吃到什么。如果是凭传媒广告介绍，一定要看清饭店的方位，以及"硬件与软件"设施如何。尤其是要了解饭店的推荐菜单，即商家推出的招牌菜和主打菜，以便吃得"心中有数"。

3. 仔细询问

根据所掌握信息，尽量选择开店时间久，卫生、饭菜质量、信誉、服务口碑较好，比较知根底的酒家。如果不是看准了某家的特色菜非吃不可，最好就近选店。

一定要仔细询问酒家提供的家宴种类、收费标准和可供宴请的人数。具体到菜肴，要询问菜种、菜价、菜量、饮品等，这样对大致的开销心中有数，免得到时难堪或挨"宰"。此外，要问清该酒店是否可以自带酒水，或是否设包房最低消费,持酒店各类优惠卡可享受优惠,等等。

4. 大胆提出要求和建议

订餐时尽管大胆地提出你的要求和建议。订餐的目的是为了心中有数,最后双方满意。但现在很多以家庭为单位的消费者订餐时只是被动地询问,甚至简单到就是和饭店打个招呼。这样的结果往往是要么一听不合适扭头就走,要么委曲求全,花钱买遗憾。而事实上,大饭店的菜单再精美也并非一成不变。套餐中的菜品不合口味,可以变换,甚至删减添加。当然,这就要求消费者清楚,你的想法该跟谁说。

5. 注意价格问题

最容易让消费者吃亏的就是价格问题。由于一些消费者不了解情况,而一些缺少诚信的商家在某种程度上又刻意模糊价格,结果一些人在请客户吃饭时,不经意地吃掉了大把的血汗钱。所以在事先订餐时,一定要把价格确定好,无论是节日特价还是平常价都应该尽量写在相应的凭证上。即使不是订餐,也要事先问清楚菜价,因为在节假日一些饭店的菜价很有可能远远高于平时的价钱。

6. 找餐饮销售部

10 人以上的订餐找餐饮销售部是最明智的选择。这个部门不仅对饭店中各餐厅的情况都非常了解,能为您提出好的建议,而且他们还在一定程度上掌握着变通的余地和权力。所以找对部门是您去饭店订餐的重要技巧。

7. 迟到和取消用餐

在你预订餐位时,餐厅一般向你要一个联系电话,这也是餐厅工作上的需要,为避免损失所采取的必要措施。由于某种原因,如果不能准时到达,不妨通知餐厅一下,否则他们不知你还来用餐,让出你的餐位也是常规做法。一般在你迟到将会超过一刻钟时最好用电话告知餐厅,并请他们为你保留桌位。如发生情况,你不能履约前往用餐时,一定要主动明确告知餐厅你取消用餐,而且越早越好。

8. 态度谦和

如果你没有提前预定,那么你在询问是否有空位就不要太强硬。如果他们说没有,也不要跟人家理论,即使看起来还有空位子,那也许是为有预定的人所留。

第二章 邀请篇

——职场礼仪之宴请

> 蜜蜂从花中啜蜜，离开时嗡嗡地道谢，浮夸的蝴蝶却
> 相信花是应该向它道谢的。
>
> —— 泰戈尔

　　在职场宴请中，由于实际需要，必须要对宴请对象发出预约，邀请对方出席某项宴请活动。这类性质的活动称为职场宴请的邀约。

　　如何成功地邀请到客人，是职场餐饮活动是否成功的标志。不论是邀请者还是被邀请者，都要重视宴请邀约，并遵循一定的邀约礼仪。对邀请者而言，发出邀请不仅要力求合乎礼貌，取得被邀请者的良好回应，还必须使之符合双方各自的身份。作为被邀请者，要及时作出合乎自身利益与意愿的反应。

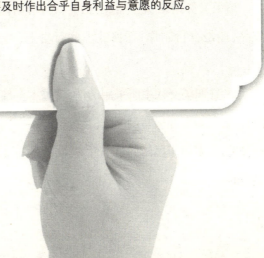

职场邀约的各种方式

在一般情况下,邀约有正式与非正式之分。正式的邀约,既讲究礼仪,又要设法使被邀请者备忘,故此它多采用书面的形式。非正式的邀约,通常是以口头形式来表现的。相对而言,它要显得随便一些。

正式邀约适用于正式职场交往中,包括请柬邀约、书信邀约、传真邀约、便条邀约等形式。非正式邀约包括当面邀约、托人邀约以及电话邀约等形式,它适用于商界人士非正式接触。

根据职场礼仪的规定,在比较正规的职场往来之中,必须以正式的邀约作为邀约的主要形式。因此,有必要对它作出较为详尽的介绍。

1. 请柬邀约

请柬邀约是正式邀约形式中档次最高的,也是政界、商界人士最常用的是邀约方式。凡精心安排和组织的大型宴会,如宴会、舞会、纪念会、庆祝会、发布会、单位的开业仪式等,都应采用请柬邀约。

请柬又称请帖,它一般由正文与封套两部分组成。不管是购买印刷好的成品,还是自行制作,在格式上和行文上,都应当遵守成规。具体的要求如下:

★ 在职场交往中所采用的请柬,基本上都是横式请柬。它的行文,是自左向右,自上而下地横写的。除此之外,还有一种竖式请柬。它是中国传统文化的一种形式,多用于民间的传统性宴请。它的行文,则是自上而下的,自右而左地竖写的。

★ 请柬正文的用纸,大都比较考究。它多用厚纸对折而成。以横式请柬为例,对折后的左面外侧多为封面,右面内侧则为正文的行文之处。封面通常讲究采用红色,并标有"请柬"二字。请柬内侧,可以同为红色,可采用其他颜色。但民间忌讳用黄色与黑色,通常不可采用。

★ 在对外交往中使用的请柬,应采用英文书写。在行文中,全部字母均应大写,应不分段,不用标点符号,并采用第三人称。

★ 在请柬上亲笔书写正文时,应采用钢笔或毛笔,并选择黑色、蓝色的墨水或墨水汁。红色、紫色、绿色、黄色以及其他鲜艳的墨水,则不宜采用。在请柬的行文中,通常必须包括活动形式、活动时间、活动地点、活动要求、联络方式以及邀请人等项内容。

2. 书信邀约

书信邀约是指用书信对他人发出邀请的形式,与请柬邀约相比,书信邀约更随意,多用于熟人之间。

★ 采用书信邀约时,措辞不必过于拘束。基本要求:言简意赅地说明问题,同时不失友好之意。尽可能采用打印的形式,并由邀约人亲笔签名。

★ 邀约信的内容应尽可能地详尽、全面。主要内容包括:邀请函发送方、邀请函接受方、活动或场合类型、日期、时间、地点、着装要求、回复人及回复地址等。

★ 在装帧和款式方面,邀请信均不必过于考究。其封套的写法,与书信基本上相同。

3. 传真邀约

传真邀约是指用传真机发出传真的形式,对被邀约者所进行的一种邀约。其在文字格式上与书信邀约大同小异,由于采用了现代通讯设备,它的传递最为迅速且不易丢失。同时,还有电子邮件邀约等,内容、格式基本与传真相似。

4. 便条邀约

有时候，宴请还会采用便条邀约。便条邀约是指，把邀约写在便条纸上，然后留交或请人带文给被邀请者的邀请方式。其内容要简单，是什么事就写什么事，写清楚为止。它所选用的纸张，应干净、整洁。在书面邀约形式中，它显得最为简单随意，也是熟悉的人之间最亲切、自然的邀请方式。

掌握邀约的要领

确定邀请者与被邀请者的主要依据，是主宾双方的身份应当对等。身份低会让对方感到冷淡、不礼貌。确定邀请方式，也是同样的道理，邀请方式不当的话，也会让对方感到不愉快。在所有的邀请方式中，当面邀约和电话邀约是日常邀约最常用的方式，邀请时要真心实意、热情真挚，并掌握一些要领。

1. 借花献佛

借花献佛，在这里是指以自己有什么可贺的事作为邀请对方的理由。"花"是指可喜的事，必要时可以借来一用。

例如：职员小李有事想和部门经理商量，便邀请主管一起用餐，他说"刘经理，今天足球彩票公布了，我中奖了 200 元，真是一个意外的收获。走吧！我们到对面的海鲜楼去庆祝庆祝！"小李此招就是以中彩票作为"花"来借一下。

2. 喧宾夺主

喧宾夺主，是指在被邀请者的地盘自己做东请客。具体的做法是，事先调查一下被邀请的人所在的环境,看有没有高档的、具有特色的饭店,就近选择一家,然后开始发出邀请。

例如:某公司的业务员张强,想请一客户吃饭,于是就打电话说:"蔡经理,您好!中午有空儿吗?一起吃饭好吧?我在你这里发现了一家烤味店,就在对面小巷中,距离你这里不远,走路也就五分钟就到了,那里的烤羊腿真的是一流,而且环境也不错……真的是休闲吃饭的好地方!""哦!你中午没有时间啊?没有关系,这样吧,下午我去定个位置,晚上你带上家人,然后我们一起去吃怎样啊?晚上我给你电话哦!"

3. 暗渡陈仓

暗度陈仓,是指先用其他的东西来吸引住对方,然后找个理由发出邀请,使对方答应你的请求。

例如:"李主任,这份文案还不错吧?可只是还没有完全做好,昨天晚上我又有了一些新的想法,时间太晚了就没有完成……这样吧,我回家后好好构思一下,争取把它做出来,晚上我们一起吃饭,然后我再把那做好的文案交给您?"

4. 声东击西

声东击西,是找别的话题来故意拖长拜访时间,然后在适当的时间再发出邀请。

例如:"郝经理,您的想法太好了,我真的是对您佩服得五体投地!看这时间,也不早了,这样吧,我们找个地方一起吃饭,然后您再把这个想法具体说说,我们商量一下如何实施效果最佳。对面的'×××烤鸭店'不错,环境棒极了,极其适合聊天!走吧,我们现在就过去。"

5. 步步为营

步步为营,一般用于第二次邀清。当一次邀请取得对方的满意后,就可以进一步提出要求,发出邀请。

例如:"张主任,怎么样啊?上次给你介绍的那家海鲜楼不错吧?现在该承认我是寻找美食的专家了吧?最近我又发现了一家川菜馆,里面做的水煮鱼真的是一流,晚上我们一块儿品尝品尝吧!"

6. 诱敌深入

诱敌深入,是指先对被邀请者做一些无关紧要的问话,使其对你产生兴趣和好感,然后再提出邀请。

例如:"张主任,你是东北人吧?"……"我就喜欢东北人,豪爽!哦!还特别喜欢吃你们那里的菜!那大骨头蒸出来吃,一股酱香味道,叫什么来着?"……"对!就是'酱骨架'!我特喜欢吃!我知道一个地方,有家东北菜馆,那里厨师地道、大酱地道,做出来的'酱骨架'真的是一流……这样吧,现在我们就去尝一尝?"

确定宴请人士的范围

宴请的范围是指,邀请哪些方面的人士出席,请到哪一级别,请多少人,主人一方由谁出面作陪。宴请的范围要兼顾诸如宴请性质、主客身份对等、惯例习俗等多方面因素。宴请对象和范围的确定,都需要事先从宴请的性质、主宾身份、国际惯例、双方关系以及当前的政治气候、经济形势等方面加以考虑。

1. 国宾来访时的欢迎宴会,除邀请代表团人员外,还可适当邀请有关使馆人员,并请我方有关负责人出席作陪。同理,邀请非本地即外来人员的宴会,也要邀请该企业在本地区相关的工作人员参加。

2. 驻外使节举行国庆招待会,应按当地习惯邀请驻在国领导人、有关部门负责人、社会知名人士、友好人士以及外交使团人员等。这种招待会应以邀请官方中上层人士为主,对于驻在国政府所不满意的人,一般不宜邀请。

3. 主客双方的身份要对等,主宾如偕夫人,主人一般也应以夫妇名义邀请。哪些人作陪也应认真考虑。

4. 为了显示热烈友好的气氛,大型招待会有时可以适当多邀请一点客人,但如果过分扩大邀请范围,造成客人太多,招待不过来,效果反而不好。

5. 每年逢节日举行的活动,要瞻前顾后。今年邀请的各人,明年不请了,大家就会有想法。

6. 节日活动的安排在规模上可以有所不同。如系多边活动,对于在行业上有竞争的相关人员,是否同时邀请,要慎重考虑。

7. 家宴一般只请认识的人。出席宴会的主人同客人人数的比例要恰当,如只有少数几个客人,不要有一大堆主人出席作陪。不要为照顾内部关系而安排无关人员出席宴会;更不可将司机、子女、朋友、同事等未被宴请的人员带入宴请场所。

邀请赴宴客人的技巧

在社会职场交往中,职场宴请活动总是为满足宴请人的某种需要发生的,职场人士常常因为各种情况需要请客吃饭,但职场宴请不是一件容易的事。如何把客户请出来,吃什么,如何边吃边谈工作等问题都是很让人头疼的。其中,最难的莫过于如何请出客户。因为,任何宴请都是有目的的,请出客户是达到目的的第一步,也是遭拒绝最多的。再者,每一个客户都不愿费时费力地去应付一桌动机明确的饭局,假如我们自己是客户的话,做久了也不会感兴趣的。

那么,如何成功地请出客户呢?职场中,请人吃饭,不但要有诚意和适当的理由,不给对方拒绝的空间,还要掌握一定的方法和技巧。

1. 邀请名义要恰当

邀约的名义,主要依据主客的身份确定。需要注意的是,邀请时双方的身份要对等,以免让对方认为你不够热情或轻视自己而拒绝邀请。一般来说,大型宴请一般以单位名义发邀请,也可以个人名义发邀请。小型宴请可视具体情况以个人或夫妇名义邀请,工作进餐可以单位名义发邀请。

2. 邀请有诚意

所谓诚意,是一种坚持、耐心、毅力,是一种百折不挠的混合物。简单地说,这个客户很难请出来,就不停地邀请。每次出差到了该地,都第一个电话打给他:"赵总,今天我又来出差了。上次您正好有事,今天方便吗?大家一起聚聚?"如果遭到婉拒,你再着手安排别的事情。一年里你出了十趟差,有多少人忍心和有勇气拒绝十次善意的邀请?

如果邀请单独的客户,建议让他带上家人,来不来是他的事,但是至少你的诚意到了。此外,要避免把有矛盾的客户请到同一桌上,如果实在有必要,宁愿分两次请。

3. 理由要适当

请客的理由五花八门。比如生日、乔迁、工作调动、开业典礼等都要请客。在这种情况下,酒、饭、菜,其实都是附属品。正如钱钟书先生在《吃饭》一文中说:"吃饭有时候很像结婚,名义上最主要的东西,其实往往是附属品,吃讲究的饭其实不只是吃菜,正如讨阔佬的小姐,宗旨倒并不是在女人。"

在宴请行为中，一般说来动机与理由是一致的。但有时，理由相同，动机却不一定相同；有时动机相同，理由又不一定相同。比如，同样因有喜事请客庆祝，有的只是为了祝贺，有的可能还有其他目的。

宴请的理由，更为重要的是一种说法。众所周知，同一件事情往往有很多种说法，就看你怎么说，请客吃饭也是如此。如何请出客人，就看你怎么说。例如邀请赵经理吃饭，就有多种"奇妙"的说法：

★ "赵经理，上次听说您到我们这儿出差，时间忙也来不及上我们公司看看，这次我无论如何得请您，补一补地主之谊……"

★ "赵经理，今天实在感谢您对我们公司产品的指教，晚上我来做东……"

★ "赵经理，昨天朋友从国外旅行回来，送我一瓶洋酒和一些外国名产。我想请您来，品尝看看……"

4. 把握好邀请的时间

发出邀请的时间应以被邀请人有充裕时间安排赴宴为宜。通常来讲，没有意外的情况，宴会请柬一般应在二三周前发出，至少也应提前一周。宴请临时来访人员例外。职场宴请，尽量不要"临阵磨枪"，给对方一个措手不及，否则会给对方以不尊重的感觉，也容易使对方拒不应邀。

在应邀中显示自身修养

任何书面形式的邀约，都只有在邀请者经过慎重考虑，认为确有必要之后，才会发出。因此，不管接到来自任何单位、任何个人的书面邀约，都必须及时、正确地进行处理。自己不论能不能接受对方的邀约，均须按照礼仪的规范，对邀请者待之以礼，给予明确、合"礼"的回答：或者应邀，或者婉拒。置之不理，厚此薄彼，草率从事，都是不礼貌的表现，有损自身或单位的形象。

1. 尽快答复

在接到邀约后，应当作出积极的反应，要尽快答复邀请者自己能否接受其邀请。鉴于同时受到邀请的往往不止于一方，为了使邀请者做到对他所组织的宴会胸有成竹、避免失败，任何被邀请者在接到书面邀请之后，不论邀请者对于答复者有无规定，出于礼貌，都应尽早将自己的决定通知对方。具体的要求如下：

★ 亲笔回复

对书面邀约所进行的答复，通常采用书信的形式，被称为回函。回函基本上都需要亲笔书写，以示重视。如果打印回函，则至少应当亲笔签名。

★ 尽快回复

所有的回函，不管是接受函还是拒绝函，均须在接到书面邀约之后3日之内回复，而且回得越早越好。

★ 答复明确

在回函的行文中，应当对邀请者尊重、友好，并且应当对能否接受邀约这一关键性问题，作出明确的答复。切勿避实就虚，让人觉得"难解其中味"。

★ **格式不失礼**

回函的具体格式,可参照邀请者发来的书面邀约,在人称、语气、措辞、称呼等方面,与之不相上下,就算不上失礼。

★ **重复要点**

在写接受函时,应将有关的时间与地点重复一遍,以便邀请者"核实"无误。在写拒绝函时,则不必这样做。

★ **不失约**

回函通知邀请者自己决定接受邀请后,届时就不能失约了。如果临时"变卦",会给邀请者增添许多麻烦。

★ **照章办事**

对邀约书上规定的赴约要求,被邀请者在原则上都应当接受,并且按照邀请者的要求去做。

2. 尽可能参加

当收到别人正式寄来的邀请函时,若没有特殊重大或临时突发事故,你应该尽可能参加。因为信函邀请要比电话要邀请正式得多,在考虑是否出席方面,前者应优先考虑。即使临时有其他人以电话约你,你也要先出席此宴会,和其他人另约时间。

接受邀约的回函范例:

尊敬的××先生:

　　××集团公司董事长兼总经理××先生非常荣幸地接受××××集团总裁××先生的邀请,将于 10 月 15 日 10 时准时参加××××集团成立 10 周年庆祝宴会。

　　谨祝宴会成功,并顺致敬意。

××敬上

×月××日

3. 不应邀的理由

任何性质的正式宴会,受邀者在接到主人寄来的邀请卡时,若因事不能参加,必须事先向主人做礼貌性的说明。

拒绝邀约的理由应当充分,比如,在宴会当天或前几天,自己正好有事要出国;正好有重要的职场要谈;自己有病在身或家人得了重病,必须予以照顾;在同一天的同一个时段,已经有了其他的正式约会,不能分身加此约会;亲人最近过世,自己仍在守哀期间等。在回绝邀约时,勿忘记向邀约者表示谢意,或预祝其组织的活动圆满成功。

拒绝邀约的回函范例:

尊敬的××先生:

我深怀歉疚地通知您,由于本人时晚将飞往英国伦敦洽谈生意,故而无法接受您的邀请前往××大酒店出席贵公司举办的庆祝开业的宴会。恭请原谅,谨致谢忱。

此致

敬礼

××敬上

10 月 20 日

邀请上司进餐的礼仪

一位销售部经理在接受某报记者的采访时说："对于一些大公司的董事长和总经理，如果不太熟，可事先向其助手或秘书打听有关情况，例如客人是否吸烟、对食物口味是否有偏好、是否对某些食物过敏，或有民族或宗教禁忌等。"可见，在宴请之前对对方作一番了解是很重要的。与上司一起进餐尤其要慎重。

1. 要选择时机

身为下属，邀请老板吃饭要慎重对待，即使与老板之间有深厚的交情，也不可大意。什么时候邀请老板吃饭最合适呢？一般来说，宴请上司的时机有：很重要的工作告一段落，最好是大功告成、任务圆满完成半月之内；你刚得到提升时；你想给老板一个很重要的建议时等。再者，新上任的经理可以请老总吃饭，但要注意场合，最好是在餐厅，邀请老板到家做客，则显得不合适了，除非你们有非常亲近的亲戚关系。

2. 点菜有道

菜单上的菜名对于点菜者来说，就是瞬间进入脑海的不规则信息，你所要做的就是将信息归纳整理，进行荤素、特色搭配，尽量满足在座的所有人的口味喜好。

拿到菜单后，如果看不懂，不要表现出无所适从和慌乱，更不可两眼一抹黑地乱点一气，这样做只能让老板认定你的愚蠢。其实，看不懂菜单时不妨轻声征询一下服务人员的意见，再对照菜单上的价目点菜。点菜时，不要轻易让出点菜的"权力"。如果你总是把点菜的任务推给别人,你的上司会认为你是一个不愿意面对变化和挑战的人,适应性和处理外部信息的能力都在别人之下。

3. 举杯有礼

在工作酒会、宴会中,一定要等到上司举杯了,你才能举杯,或者你可以举杯敬上司。可千万不要拿起杯一句话不说一饮而尽,那样上司会以为你对工作有不满情绪,更不要在上司面前喝得酩酊大醉而失态。

4. 尊重老板

作为年轻职员,没有客户在场的时候,要体现出照顾上级和年长同事(特别是女士)的风格,包括部门经理、老板和其他年长同事,这是最起码的礼貌。如果有客户在场,要以客户为中心,要时刻照顾客户的需求。如果有"外人"在场,一定要表现出对上级的尊重,千万不要像在单位一样随意开玩笑。

5. 注意事项

★ 如果上司邀请你一起吃饭,千万不要推辞。否则,就可能被认为对老板不忠诚,让老板对你产生"你不合作"之感。

★ 接受上司的宴请时,一定要想一想这是个什么性质的"吃饭"?有多少人参加?穿什么衣服?需不需要带礼物?带什么礼物?等等。

★ 受到上级的邀请,最好保持沉默。尽量不要让办公室的同事知道。因为他们会为没受到邀请而难过,并且奇怪你为什么受到如优待,甚至给你和同事的关系带来负面影响。

★ 如果你的上级以你是单身的名义邀请你进餐,但你正和某个人恋爱,此时不妨写张便条婉谢邀请,告诉上级你要去"见特别的人"。这暗示他,你不应该被认为是单身。

★ 在进餐的过程中,不要在上司面前道人是非。

★ 如果上司请你吃饭或喝茶,第二天一早见到他(她)时一定要再次致谢。如果上司受邀并参加了你的派对或你举办的活动,一定当面致谢,并应送个小纪念品以示谢意,哪怕是一张卡片。

邀请同事进餐的礼仪

随着市场经济的发展,亲朋好友聚少离多,感情也逐渐淡漠,同事关系在人们日常工作作和生活中的地位日益重要起来。由于这样那样的原因,同事们之间请客吃饭是常有的事, 可以说, 请客吃饭是同事关系良好的润滑剂。请同事吃饭,虽不像和上司一起进餐时那么郑重,但有些礼节一定要注意,否则会给自己带来不必要的麻烦。

1. 入乡随俗

现在,许多公司都有一些不成文的习惯,因晋升、加薪等原因请客吃饭就是其中之一。如果你身在这样的公司,当然要入乡随俗。通常,获得晋升者或薪水增加者要请同事吃饭, 至于请客请些什么, 那要视加薪额和职级而定。但要注意的是,请客时一要量入为出,二要注意身份问题。如果你只是一名小职员,动辄请同事吃海鲜餐,未必每个人会欣赏,可能有人认为你太"招摇"。最好的办法就入乡随俗,一切依照旧例,别人怎么请,你也怎么请,不要搞例外。

2. 积极参与

许多公司有欢迎新同事和欢送旧同事的习惯, 欢迎的方式一般都采用宴请的形式。欢迎宴请目的是联络感情,欢送宴请则表示合作愉快或感谢过去的帮忙。身处这样的环境中,你是否积极参与、热烈支持宴请活动呢?一般来说,欢迎新同事的宴请会,你不必一定出席,除非你的工作岗位是公关或人事部。至于欢送旧同事的宴会,就比较复杂,要视你与离职同事的关系如何?如果你们毫无交情的,你可以不必参加聚会,但出于礼貌和表示你的关心,送一张慰问卡还是有必要的。何况有朝一日,你们或许还有机会共事。如果你们常常接触,但交情普通,则在公在私也该出席聚会,分手时,最好表示你的祝福。如果对方是你的助手或更亲密的拍档,最理想的方式是,既参加大伙儿的聚会,又私下请对方吃一顿午饭,或是送一点纪念品,以表示你的感谢和友情。

3. 把握邀请对象

邀请同级同事进餐要把握对象,比如,可以邀请跟你有直接业务关系的同事在餐厅吃午餐;邀请与你有个人关系的同事,带配偶在餐厅吃午餐;邀请与你交情甚好的同事,带配偶或同事在你家吃晚餐。

邀请同级或同事进餐时,要注意的一点是:如果同事邀你到朴实、一般的餐厅吃午餐,你应该和他一样,到同等级别的餐厅就餐,不要邀请他到豪华、昂贵的餐厅,那样会使对方难堪,觉得自己不如人家。

4. 不谈同事隐私

一些粗鄙、不得体的话,如果被好事的同事听到,很可能会加油添醋地到处宣扬,你也许就会成为"惹是生非"的罪魁祸首。因此,在宴会上,有关朋友的隐私和秘密,最好不要涉及。有这样一个例子:

小张刚刚进入某公司一个月,由于他处处小心从事,每每笑脸相迎,所以同事们对他的态度也颇为友善。一天,全部门的人决定一块儿去餐厅聚餐以度周末,也邀了小张。席间大家有说有笑,无所不谈,其中有一名同事与小张最谈得来,还把部门里的种种问题,每位同事的性格、缺点都尽诉无遗。小张一时"受宠若惊",很珍惜这样一位"知无不言,无言不尽"的同事。于是,便将一个月来看到的不顺眼、不服气的人和事通通向这位同事倾诉而后快。没想到的是，那位同事是个好事的人，不出几日便将小张的话宣传了出去，使小张极为狼狈，在部门几乎没有了立足之地。"来说是非者，必是是非人"确实如此。

5. 不说上司坏话

不论多么值得信赖的同事，当工作与友情无法兼顾的时候，朋友也会变成敌人。在同事面前批评上司，无疑是自丢把柄给别人，有一天身受其害都不自知。比如，有的人在上班时间无缘无故地被上司骂一通之后，喜欢晚上约个同事喝一杯，然后对着同事发牢骚，说上司这也不好那也不好，毫无顾忌地批评起来。在他看来，这位同事和自己关系不一般，自然就站在自己的这一方，其实很多时候并不定如此。这种事情一定要避免。就算这位同事和自己肝胆相照，不会作出出卖自己的事情，但也得小心"隔墙有耳"！所以，当你要向同事吐苦水时，不妨先探探对方的口气，看其是否同意自己的看法。

邀请客户进餐的礼仪

在今天这个时代，客户是"上帝"。无论哪个企业、哪个公司，客户有很多选择。无论满意不满意，他们都没有必要对任何企业、公司保持忠诚。但是人人皆知，忠诚的客户是最能带来利润的，也是最值得关注的，所以与客户搞好关系很重要。要想使客户认同你，要想客户忠诚于你，邀请客户吃饭是免不了的。

1. 确定目标客户,抓住关键人

成功的职场人员会记住用户的生日、用户家庭成员的生日以及他们的住址电话等。应像建立大客户资料一样,对重点单位关键人的各方面资料做统计、研究,分析其喜好。

2. 真诚待人

"以诚待人"是中华民族几千年来的古训。真诚才能将业务关系维持得长久。同客户交往,一定需要树立良好形象。不管是业务的洽谈、制作,还是后期的服务,都应从客户利益出发,以客户满意为目标,从而取得客户的信任,建立更深层次的合作。

请客户吃饭,同样要真诚。如果你先到,那就应该让客户感到宾至如归,把他们引荐给重要人物。

邀请客户进餐,尽量不要带上你的爱人,因为他或她不是所有人都认识,你会整晚都夹在他们之间。如果你跟你的爱人并非从事同一个职业,还是不要带他或她去了。

3. 尊重客户

面对大门的位子为主位,就是主人(上司)的位子,客户要坐在主人右手的第一个位子,随员要坐在主人左手的位子。

如果上司和客户的杯子里需要添茶了,随员要义不容辞地去做。你可以示意服务生来添茶,或让服务生把茶壶留在餐桌上,由你自己亲自来添则更好。当然,添茶的时候要先给上司和客户添茶,最后再给自己添。

用餐的费用无论多少,都是主人的心意。结账的任务最好交给随员,此时,不要让客户知道用餐的费用,否则是失礼的。

4. 照顾客户

客人一般不了解当地酒店的特色,往往不点菜,那么,点菜的任务就交给主人了。此时,要照顾到客户的喜好,也可以请服务生介绍本店特色,但切不可耽搁时间太久,过分讲究点菜反而让客户觉得你做事拖泥带水。菜点好后,要征询一下客户的意见,看看客户有没有什么特别的要求。可以这样问客户:"点了这些菜,看看合不合你的口味。"

5. 邀请异性客户进餐

男士在女士来到餐桌边时要站立,即使在混杂的餐厅,也要稍稍提起上身,直到女士入席或者邀请她坐下为止。在女士离开桌子时,男士也要站起来。与异性客户进餐还要注意:不要拿女人的事当话题,也不要在他人面前表示怀疑她的道德;不要谈让女性尴尬的话题;要用比平常稍大的音量和女士说话,不要亲昵得近乎猥亵地说话,也不要越过大厅,大声呼叫她的名字。

第三章 **择宴篇**
——职场礼仪之点菜

谁在平日节衣缩食，在穷困时就容易渡过难关；谁在富足时豪华奢侈，在穷困时就会死于饥寒。

——萨迪

中国的饮食之道，也是人情融合之道。一场饭局，既是亲朋故友之间的沟通交流，也是生意对手间的交锋谈判。酒肉穿肠过，交情心中留。职场宴请的重要性不言而喻。而如何点一桌好菜，是赢得职场宴请的至关重要的因素。菜点好了，会得到客人的赏识；菜点得不好，既怠慢了客人，又会造成浪费。

因此，点菜之"点"，不亚于战斗前的点兵之"点"。点菜是一种学问，是一个人饮食文化修养的集中体现，是一项复杂的工作。那么，如何才能点一桌好菜呢？

商宴点菜遵循的原则

审时度势是职场中必备的素质，在职场宴请上同样适宜。无论何种饭局，点菜这一程序不可忽视。总的来说，职场宴请中，点菜要遵循以下几项原则：

1. 综观全局

判断一桌宴席的好坏，主要从色、香、味等方面来说。一桌色香味形俱全的好饭菜，不仅可以满足食欲，还可以拉近宾主之间的距离。所以，点菜一定要综观全局，从色、香、味入手。

★ 色

好的胃口来自于赏心悦目的色泽。把食物天然的五颜六色呈现在人们的面前，不仅仅是好看，而且也让人觉得健康卫生。辣椒的红、茄子的紫、青菜的绿、米饭的白，好的厨师可以把这些缤纷色彩非常巧妙地调和在一起。点菜的时候一定要把握好色彩搭配的原则，餐桌上的颜色可以根据客人的爱好尽量丰富些，有时候宴会人数有限，菜品数量有限，这时要择优而选。

★ 香

香是迎客的第一道风景，入席时，如果有人忍不住地吸一口气，赞道："好香啊！"表示这次宴请已经成功了一半。一般来说，炸、炖、烧、煎、烤、炒等烹饪方法有提香的作用。所以，点菜的时候可以多点几个比较容易出香的菜。

★ 味

请客,能迎合客人口味和心意的菜是最好的。但东西南北人们的口味差异很大,再加上主客之间是公事往来,往往并不十分熟悉,甚至只是一面之交,对彼此的口味并不了解。因此,味在职场宴请中是最难把握的。一般可以根据客人的籍贯、职业特点、个人兴趣推断出其口味。如果实在难以推测,可以点两三个相对保守的菜,即大众都能接受的菜。

2. 尊重客人

在点菜的时候,主人一定不要太主观,把自己的爱好和口味强加在客人的头上,这是不礼貌。不尊重客人的表现。当不了解客人喜欢吃什么的时候,点菜的品种应尽量丰富多彩,荤素搭配,主副搭配。

另外,还要注意一些细节问题。比如有宗教信仰的人在饮食上会有特殊的要求;身体有病的人在饮食上会有一些禁忌;有些职业,由于某种原因,在饮食上也会有不同的禁忌。

3. 精致经济兼顾

职场宴请是和经济利益息息相关的,在点菜时,经济原则是一个必须遵循的原则。通常,每个单位都有相应的招待标准。对于不同职务、不同级别、不同身份的客人,宴请的标准是不同的,关键是不要弄错了标准。

在请客点菜的时候,心里一定要有谱,在预算的范围内点菜。如果点得太少太次,显得寒酸没诚意;点得太多太奢侈,就会浪费,也没法向上司交代。所以,点菜要遵循经济的原则。

4. 美味健康结合

大鱼大肉才是待客之道的时代已经过时,"吃得好"的概念已经被"吃得健康"所取代,营养饮食越来越被大众认同。在点菜的时候,人们有意识地将荤素、粗细进行搭配,一些粗粮野菜也登堂入室上了宴席。因为工作关系,职场人士应酬繁多,尤其是销售、公关几乎天天与高脂肪、高热量的食物为伍,他们的事业令人羡慕，但是健康状况令人担忧。人在江湖身不由己，但吃什么，吃多少，怎么吃，完全可以由自己作主。

点菜的程序和方法

进入餐厅，期待享用一顿美食佳肴之前，首先必须经过"点菜"这道手续。点菜是一种学问，有一定的程序和方法，现介绍如下：

1. 阅读菜单

大多数餐厅无法提供实物展示，厨师又不可能亲自逐一介绍菜肴的情况，所以一份制作严谨、精美、详实的菜单，便成了各式菜肴的最佳代言人，亦是餐厅与顾客间的沟通桥梁。一份完整的菜单，其内容包括食物名称、种类、价格、烹调方法、图片展示及相关知识的陈述等。阅读菜单时，要注意以下几点：

★ 菜单的形式很多，有的菜单会依据菜的性质种类来分类，有的则不会。如有的饭店会将提供的菜色分成牛肉类、猪肉类、羊肉类、海鲜类、素食类、饭类、面类、汤类、甜点，等等。

★ 点菜时要从菜肴的名称来判断，有的菜名很清楚，如"干煸豆角"，可想而知这道菜的主角就是豆角；糖醋鱼，是一道加上糖、醋，做成的鱼类菜肴。但有的菜名很莫名其妙，比如"雪山压顶"、"千丝万缕"、"蚂蚁上树"等，从名字看不出到底是什么菜，这时不要冒险乱点。

★ 在看菜单时，如果你对某种配料或者对某种菜肴的味道不甚了解，可以去问服务生，不要盲目点菜，免得到时会吃到自己不想吃的菜。

2. 按上菜顺序点菜

中餐宴席菜肴上桌的顺序,各地不完全相同,但一般普遍依循下列六项原则:即先冷盘后热炊;先菜肴后点心;先炒后烧;先咸后甜;先味道清淡鲜美,后味道油腻浓烈;好的菜肴先上,普通的后上。一般情况下,点菜也要遵循这个顺序。点菜时,需要注意以下几点:

★ 要先点上几个凉菜,以免桌上空荡荡的。通常情况下,点 4~8 种凉菜,人多的话,也可点十多种,这主要依据客人的数量确定。

★ 要根据客人重要程度和要花钱的数额,先点上几个关键菜,即主菜,以此来表达客人的宴请级别,然后将各菜品(鱼、肉、蔬菜、凉菜等)搭配起来。

★ 中国人认为偶数是吉利的。在点菜时,热菜道数通常是 4、6、8 等偶数。在豪华的大型职场宴请上,主菜有时多达 16 或 32 道,普通的是 6~12 道。

★ 宴请宾客除要用贵菜来显示尊重外,一些本店的特色菜可能会给每个级别的客人带来兴趣,也多了酒宴中的话题。

★ 如果宴请的人很多,一般要多点几个肉类,不够则以普通菜来补充。

★ 主菜结束后所供应的点心是馅饼、蛋糕、包子、杏仁豆腐等,最后则是水果。

3. 参考他人意见

餐厅服务员由于在那里工作,见多识广,只要你讲出有关的具体要求,如味道、风格等,他们一定能给你说出几个可供你参考的菜名。但需要注意的是,服务员建议的菜单,不要你一个人说了算,即使你是主人,也要征求在座客人的意见,他们都同意时才算决定。有时,同你前去的朋友中有人来过这家餐厅,不妨听听他们的意见和感受。

4. 确认所点的菜

当确定好点什么菜,并征求在座客人的意见之后,你就可以向餐厅服务员举手示意,或是轻声地说一声:"服务员,可以帮我点菜吗?"请服务员过来为你服务。然后,你把所确定的菜名,念一遍给服务员听,等他记下来,就完成了点菜的程序了。

点酒水需注意的礼节

自古"酒"就有"久""有""寿"的象征,中国酒文化历经数千载而不衰,酒还能在许多场合使老友新朋的关系融洽。无酒不成礼,无酒不成宴,无酒不成欢,无酒不成敬意,已成为我国各民族的风俗。酒水是请客吃饭最基本的需要。无论接待什么规格的客人、举办什么样的酒席,都离不开酒水。

在点酒水时,需要注意以下礼节:

1. 从一而终

中餐菜肴与酒品的搭配远没有西餐那样复杂多样,但这并不等于说中餐宴席酒水的选择无章可循。

在许多情况下,主人只提供全场统一的几类、数种性质不同的酒水供客人选择。在宴席上,很多人饮酒时大多也"从一而终",大多都不喜欢一个人饮多样的酒,没有特殊的缘故一般也不会在宴席中途换酒。另外,中国民间有一种说法,一个人在一场宴会中饮用多种不同性质的酒,更容易醉。所以,在点酒时,最好选择一种,"从一而终"。

2. 餐前用饮料

在餐前,中国人一般是饮茶或软饮料,以饮茶者居多。至于软饮料,主要是可口可乐、百事可乐、雪碧之类的碳酸饮料。当然,也会碰到客人点用果汁、蒸馏水或矿泉水的情形。大多数客人在选定一种软饮料之后,在整个用餐过程中一般不再更换。

3. 餐中用酒

在餐中一般选用度数较高的白酒和酒度较低的红葡萄酒或啤酒。每一类酒一般有一二种供客人选择。当然,很熟的客人也会自点自己所喜爱的酒品。但在许多情况下,客人一般都会听从主人的安排,多桌时每桌所选用的酒品要统一。

4. 餐后用饮料

根据中国许多地方传统的饮食文化与饮食习惯,宴席上所斟的酒大多必须在最后一道菜之前,席上的宾客要各自喝完自己杯中的酒,它同时也宣告饮酒活动已告一个段落,此后一般就不再喝酒精类的饮料了,故中餐宴席较少喝餐后酒。中餐习惯在餐后饮用茶水。因为民间传说茶水具有止渴、解酒和帮助消化的功效。

西餐点酒的方法

在一个服务良好的西餐厅里用餐,当坐下之后,服务员通常会先问你是否需要点杯饮料,而不是直接将菜单放在你的面前,此时你可视情况决定是否点用饮料。

1. 西餐用酒的种类

西餐宴请用酒约有以下三类：

★ 餐前开胃酒。较常喝的餐前酒有雪利酒、基尔酒、皇家基尔、意大利苏打红酒（坎培里苏打）、苦艾酒、含羞草鸡尾、葡萄酒、马西尼、金酒加汽水和冰块、威士忌加冰水等。一般只在进餐前喝一小杯。

★ 席间佐餐酒。常用的是红、白葡萄酒以及各种软饮料。席间用酒一般不上烈性酒。

★ 餐后用酒，较常喝的有白兰地、利口酒、鸡尾酒等。

2. 西餐点酒的方法

★ 阅读餐厅酒单

西餐厅的酒单通常涵盖各个产区，看来是密密麻麻的。如果实在不懂可以请餐厅懂酒的经理或服务人员（在国外有专门的酒侍）推荐。在请人推荐之前，可先技巧地告知预算，比方说，"请帮我推荐中等价位的酒"，"请帮我介绍一瓶普通的酒"，或者"请帮我挑选最好的酒"。

★ 点餐前酒

餐前酒不只是为了打发等待料理的时间，还能够轻微地刺激胃部以增进食欲，所以建议选择酒精浓度低、较清爽的种类。如果从酒单上看不出头绪，"本店推荐"或是"自制酒"也是不错的选择。

不会喝酒的人，也不用勉强点餐前酒。可以点矿泉水，最好不要点果汁之类的饮料，因为喝果汁会使你无法品尝出料理的美味。

★ 点葡萄酒

葡萄酒基本上是搭配所点的料理来选择的，一般较清爽的料理适合口味清淡的白酒，浓厚的料理则搭配浓烈度较高的红酒。要是一次想品尝多种类的葡萄酒时，先从口味清淡的开始品尝，接下来再品尝浓烈口味。

★ 点餐后酒

在用餐后饮用餐后酒，不但能够帮助消化，同时也是为了享受餐后的好气氛。和餐前酒一样，餐后酒不是非点不可的。一般建议是酒精浓度高的甘甜酒类较适宜。餐后用甜点时，视个人喜好再点饮饭后甜酒。饭后甜酒通常都是些水果酿的烈酒，酒精含量高只以高脚小杯盛装，不需整瓶开，以杯论即可。

点主食的礼节要求

现在的宴会，往往只饮酒吃菜，不进主食。即使进主食，也是象征性的。因为，多数赴宴者酒足菜饱之后，就难以问津主食，这对健康是不利的。

主食是宴席内容的一个重要方面，合理地配备主食，才能使整个宴席和谐，达到完美的境界。如何点主食呢?主要从以下几方面入手:

1. 了解客人对主食点心的喜好

不同的国家、不同的民族，对主食点心有不同的喜好。所以，在点主食时，要通过调查研究，了解宾客的国籍、民族、宗教、职业、年龄、性别、体质和嗜好忌讳，并依此确定品种，做到重点保证主宾，同时兼顾其他。北方人喜欢吃味道浓厚的面食，南方人喜欢吃清淡爽口的细点心等。此外，在因人而配的过程中，要考虑到客人的身体状况。

2. 根据时令选择主食

宴席有春、夏、秋、冬四季之差别，菜肴如此，主食亦然。

★春季，气候变暖，人们喜爱不浓不淡的食品，配席面点则可上"春卷"、

"芥菜包子"等。同时,春季也正是植物芬芳吐艳的季节,可以配一些"杏花"、"梨花"、"桃花"等具有自然色彩的面点。

★ 夏季,正是百花争艳、鸟语花香的季节,酷暑炎热,饮食自然有些变化。这时,点的主食既要有消暑、清凉之作用,如伦敦糕、如意凉卷、双凉团等;又要有体现季节特色的面点,如荷花酥、鲜花饼、绿豆糕等。

★ 秋季,菊黄蟹肥,气温转凉,如点菊花酥、蟹黄汤包、葵花盒子等,寓意收获,唤起食客无限的秋思和遐想。

★ 冬季,气候寒冷,且是梅花傲霜斗雪之季,如点梅花饺、雪花酥等有象征意义的面点,可起到烘托宴席气氛的作用。

主食与我国民风食俗有很大关系。如果宴请的日期与我国某个民间节日临近,主食也要有相应安排。如春节,配食年糕、春卷等;元宵节,可配食汤圆、元宵;清明节,配食青团(又名翡翠团子)、酒酿饼;端午节,配食各种粽子制品;中秋节,配上月饼等。

3. 根据宴席的级别、主题选择主食

宴席的级别有高档、中档、普通三级,对于主食的级别来说,可从用料的高低、馅心粗精、成形的繁简几方面来选择。主食要适应宴席的价格和级别,才能使席面上菜肴的质量与主食质量相匹配,达到整体协调一致。

此外,主食的安排还要紧紧围绕宴席的形式、内容来组合安排,同时做到与整席其他内容合拍,如选择"欢迎"字眼的点心,以表达对外国友人的到来的欢迎等。

商宴点菜实用技巧

1. 看菜单的技巧

一顿标准的中餐大菜,不管什么风味,上菜的次序都相同。通常,首先是冷盘,接下来是热炒,随后是主菜,然后上点心和汤,最后上果盘。在隆重而正式的宴会上,主人选定的菜单也可以在精心书写后,每人一份,让用餐者不但餐前心中有数,而且餐后也可以留作纪念。

开胃菜,通常是几道腌制的爽口小菜。不同菜系的开胃菜有所不同,大的餐馆一般都有这类爽口小菜赠送,一般会在凉菜之前。凉菜一般由四至八道菜品组成,多的有时也达十种。像凉拌海蜇皮、卤水双拼、大丰收等,菜的数量要根据客人的多少来定,一般为六八等双数。

冷盘基本上是下酒的菜,而热炒的菜是过渡菜式,既可以下酒,又可以下饭。热菜是开胃菜和凉菜之后上的菜肴,数量通常也是中国人认为吉利的六、八等偶数,一般宴会普通是6~12道热菜。

点心是主菜结束后端上餐桌的吃着解闷收尾的甜咸小吃,如馅饼、蛋糕、包子、水饺等。最后则是水果,季节不同选择不同的果盘。

2. 把握菜品量

在宴请中,有时候会碰到菜不够,一桌子客人想吃又不好意思下箸的情况,这在商务宴请时出现,尤其让人尴尬。有的人为了避免菜不够的情况,不管菜的分量大小,人数多少,拿着菜单乱点,结果桌子上盘子压盘子。这样不仅不方便进食,更容易让人败了胃口,而且还造成极大的浪费。

在点菜的时候,既要保证每个人都吃饱吃好,又不要浪费。

一般来说,基本上保证一人一菜,外加一汤和一两样点心就可以了。4 位以下点 3 菜 1 汤,5~7 位点 5 菜 1 汤,8 位以上按照人数减 2 的数量点就可以了。

当然,具体到不同的地区、餐馆,菜的分量不尽相同,还要具体情况具体掌握。当你走进一个不熟悉的餐馆的时候,不妨留心下别的客人桌上的菜分量如何,或者请服务生介绍一下,不要贸然行事。

3. 点菜快易通

在宴请前,主人需要事先对菜单进行再三斟酌,要着重考虑哪些菜可以选用、哪些菜不能用。以下是几种优先考虑的菜肴,把握这些要点,基本上在任何场合,你都可以快速又轻松地点菜了。

★ **公认的有特色的菜肴**

宴请外宾的时候,这一条更要重视。像炸春卷、煮元宵、蒸饺子、狮子头、宫保鸡丁等,并不是佳肴美味,但因为具有鲜明的中国特色,所以受到很多外国友人的推崇。

★ **有本地特色的菜肴**

比如西安的羊肉泡馍,湖南的毛家红烧肉,上海的红烧狮子头,北京的涮羊肉,在本地宴请外地客人时,上这些特色菜,恐怕要比千篇一律的生猛海鲜更受好评。

★ **本餐馆的特色菜**

很多餐馆都有自己的特色菜。上一份本餐馆的特色菜,能说明主人的细心和对被请者的尊重。到餐馆后,先让服务生报上他们餐馆的招牌菜,你可选择点上一两道,仔细品尝。

4. 把握好点菜时间

职场宴请往往是"客随主便",客人一般不了解当地饭店的特色,往往不点菜,那么,主人要照顾到客户的喜好,可以请服务生介绍本店特色,但不要花太长时间点菜,因为所有的人都在"眼巴巴"地陪着你饿肚子,你的犹豫不决会令他们感到不耐烦;同时,你也不要在没有浏览完菜单的情况下就草草地定下几个菜,这样是缺乏合作精神的表现。

5. 风格各异

最好的菜谱是将各种不同的味道、原料、颜色、质地融合在一起。尽量不点用同样手法烹调的两种菜肴,或者不点主料内容一样的菜肴。点了鱼香肉丝,就不要再点肉丝、肉片类的菜品了。点菜时除了要分配各种烹调方法外,也要注意口味的搭配是否重复,甜酸、麻辣、盐酥等口味要适当搭配。

西餐宴请时需懂得的几点

在餐厅点餐时,首先由餐前酒点起,再决定是要套餐或是单点,最后再搭配料理选择适合的葡萄酒。点菜时,需衡量用餐人数,选择单品的料理,需依照套餐的顺序来点菜。

1. 西餐菜单的种类

★ **套餐**

套餐由前菜、主菜、甜点、咖啡等组成,是一种事先由餐厅为顾客搭配组合好的料理形态。在调理法或味道方面的调配也较平衡,比起单点更能将预算压低。当你搞不大懂料理的名称,或是首次光临一家西餐厅时,最好选择套餐。

★ 单点

单点是一种可自行从菜单中挑选自己喜欢料理的点餐形态。一般而言，菜单上有四大分类或五大分类，其分别是开胃菜，汤和沙拉，海鲜，肉类，点心。有时称可在菜单上找到一页附在菜单上的"今日特餐"或"主厨推荐"，这些往往是餐厅精心制作且物超所值的特餐。

★ 组合式套餐

所谓的组合式套餐则是介于套餐和单点之间的点餐形态。虽然形式上和套餐大同小异，但程序中的每一道料理，你都有数种的选择可供参考。

在正式的餐厅里，即使是相同的菜单，也分有标示价格以及不标示价格两种形式。服务人员会将标有价格的菜单递给招待的一方，把未标示价格的菜单递给被招待一方的。这是餐厅为了让顾客无所顾忌地点选自己喜欢的料理而做的考虑。

2. 点菜的要诀

★ 研究菜单

在一个服务良好的餐厅里，服务员不会站在顾客的旁边看他思考点餐，因为这样，会给顾客一种压迫感。有经验的服务员会先行回避，让顾客有足够的时间考虑点什么菜，给顾客一个与朋友讨论菜单的空间。因此，在点菜时，你大可不必着急，即使半个小时来研究菜单，亦不须担心服务员会来催你。当你想好点什么菜时，可以示意服务员过来。

★ 选择单点时

选择以单点为用餐方式时，先从主菜开始选择。决定好主菜的料理之后，选其他的料理就会变得容易得多了。选择前菜和汤时，请注意别和主菜调理法或酱料重复。

★ 考虑分量

单点时要考虑分量。单点料理一盘的分量会比套餐一盘的分量多上一些。请先斟酌自己的食量后再决定点餐的分量,尽可能所点的分量是可以完全吃完的分量。

★ 礼貌招呼服务员

若是碰到看不懂的料理时,请别客气尽量向服务生请教。当你想点餐,或是有事想麻烦服务生时,轻轻地召唤服务生是不伤大雅的。只不过别以"喂"或是"那个"来叫住服务生,应是在他走近时,以眼神示意,若是他没注意到再迅速举起手打声招呼。

招待外国人点菜忌讳

有些商界人士,由于业务上的需要,经常和外国客人打交道。外国人的饮食习惯和我们有很大的差别。在点菜习惯上,外国人一般是自己点自己的菜,在中餐馆聚餐时也各点一菜。所以,请外国人吃饭,主人不要大包大揽,最好让每个人都有机会点菜。

除此以外,职场人士还要了解一下外国人的饮食禁忌,以便在点菜的时候游刃有余,为宴请的成功打下基础。以下关于招待外国人时的点菜忌讳,每个职场人士都有必要了解掌握。

1. 不点动物内脏和肥肉

在中国,很多地方把由动物内脏烹制的食物称为"下水"。这所谓的"下水"得到了很多国人的喜欢,比如鲁菜中的"九转大肠"、北京名小吃"炒肝儿"、川菜里的"红油心舌"等,以独特的味道赢得了很多人的青睐。但是,如果宴请外国人,千万不要点这些由动物内脏烹制的食物,他们几乎不吃这些东西。

另外,外国人不吃肥肉,虽然有少数人已经入乡随俗,但是在职场宴请中,最好不要点肥肉。

2. 不点有骨头的菜

外国人吃的肉食几乎都是没有骨头的。所以,像鸡爪、鸭脖、猪脚这类为中国人津津乐道的美味,外国人一般很难接受。正式的西餐上的菜都是方便进食的不带骨头的肉,他们吃的鸡鸭鱼肉一般是把骨头剔得干干净净才拿出来做菜,这样吃起来毫不费力。在请外国人吃饭时,一定要注意这点,尽量尊重他们的习惯,以示礼貌。

3. 尽量不点过于油腻辛辣的食物

外国人口味比较清淡,不喜欢油腻的食物,尤其是日本人。多数外国人都是不吃辣椒的,但是也会有例外,有的老外对中国的"麻辣火锅"、"麻婆豆腐"津津乐道。总的来说,在请外国人吃饭时,一般不要点"辣子鸡"、"水煮鱼"等这类油汁厚味道辛辣的菜。

4. 不点野生动物

在中国,野味很受某些人的欢迎,比如狗肉、鸽子肉等。但是,如果请外国人吃饭,一定不要点这些野味,他们可能会痛斥、声讨你,甚至翻脸不和你谈生意。

5. 以肉食为主

中国人的饮食习惯是高碳水化合物、低蛋白、低脂肪,而外国人的饮食习惯却是低碳水化合物、高蛋白、高脂肪。在宴请外国人的时候,一定要注意,不要按照我们的习惯,点了 10 道菜,却有 4 道都是蔬菜,还有 3 道是加了一点肉的素菜,外国人会很不满意的,因为这满足不了他们的胃口。

6. 尊重对方的信仰

有不少的外国人是信教的,也有不少是素食主义者。所以,宴请时,可以问问对方,有什么特殊的忌讳和要求,千万不要自作主张、大包大揽。这是对对方最起码的尊重,也是待客最基本的礼仪。

要充分考虑宴请对象的差别

俗话说"萝卜白菜,各有所爱"。宴请的对象千差万别,所以在宴请之前必须弄清客人的饮食习惯和饮食特点,才能做到有的放矢,达到请客的目的。对他们愈了解,就愈能迎合他们的口味。

1. 男女饮食上的差异

不同的性别会产生不同的饮食消费心理及行为,这些是由两性在记忆、思维、情绪、个性等心理方面存在的差异决定的。

在点菜行为上,男性消费者一般粗略迅速。男性相对于女性具有较强的支配性,具有开拓创新精神,而且男性一般都有个人的某个特殊嗜好。女性点菜时往往选择多,挑选细,反复咨询,占用时间长,具有较强的求全心理,食物的细微之处符合她们的心意,就能深深地吸引她们的注意,产生对食物的购买欲。

在分量上,男性比女性顾客的食量大,胃口佳。

在口味上,男性一般喜欢富含脂肪、蛋白质及碳水化合物的食物;女性则一般喜欢清淡不油腻的菜,素食蔬果尤佳。

在需求上,男性顾客重视"硬料",用餐讲求档次与分量多寡,女性顾客注重"软料",对环境较为敏感,重视服务细节和环境档次。

此外,女性在饮食消费时自我意识比较强,对外界事物比较敏感,喜欢评论，常常以自己的消费眼光、习惯、标准和爱好来分析、评价别人和自己。分析评价食物，总是觉得自己消费的食物有价值、最明智，喜欢独立自主地选购食物，还希望别人效仿自己。她们往往不愿意别人说自己不了解食物，不懂行，不会挑选。

2. 老幼饮食有别

不同年龄的人，由于经历过不同的社会环境，受过不同的文化教育，在赴宴时的欲望和心理方面有着明显的差异。一般来说，年龄愈大，对食物饮料的承受范围愈广。年岁较长者，讲究食物的营养卫生，能节制不良的饮食习惯，特别强调养生之道。而青年人容易挑食、暴饮暴食，全凭个人喜好，无节制地吃喝。

一般来讲，青年通常是指18~35岁的人，他们的心理特征决定了他们对食物消费的心理和行为的独特表现，如追求时尚与新颖，追求自我成熟的表现和消费个性心理的实现，冲动性消费多于计划性消费等。青年人常把上街饮食消费作为一种娱乐，

一般约同学、同事或好朋友一道到饭店消费，喜欢让这种饮食消费的自主权在群体中实现，因此他们的同伴往往是饮食消费行为和饮食消费决策的主要影响者。

在我国，中年一般指年龄在35~55岁的人。中年人注意食物的实用性、便利性，计划性强，具有较强的求实心理和节俭心理。

老年一般指男性60岁以上、女性55岁以上的人群。随着社会生活环境的改善，医疗水平的提高，人类的平均寿命相对延长，老年人在社会总人口中所占比例不断增长。老年人喜欢吃松软易消化、味清淡、富有营养的食物，有"三高、五低、多样化"的特殊需要，"三高"即高蛋白、高质量、高水平，"五低"即低糖、低盐、低脂、低度酒、低胆固醇，而且食物的色、香、味、形要经常翻新，品种多样化。老年人最为关心的是延年益寿、身体健康和晚年生活丰

富，对饮食的消费具有很强的习惯性心理。请老年人吃饭最好选老字号饭店，点传统的名菜、名点和名酒，以满足老年人的饮食习惯的需要，也能唤起一些人对过去岁月的回忆，感到亲切。

3. 东西南北不同

"十里不同俗，百里不同味。"饮食消费心理学认为，客观环境既是饮食消费心理习惯产生的前提，又是饮食消费心理习惯得以延续的保证。比如，北方人的生活环境决定了他们以咸为主的饮食消费习惯。我们可以在北方人中根据地区性环境差异对他们的饮食消费习惯进行探讨。如河北大部分人喜吃咸，天津人口味咸中微甜，山西人口味咸中带酸辣，东北人喜吃咸酸辣，西北人喜吃酸辣。

然而，客观环境不是一成不变的，特别是在人们对客观环境的认识发生变化的情况下，人们的饮食消费习惯也会变化，但这种变化是缓慢的，在很长一段时间内人们还会自觉地进行习惯性的饮食消费。所以说，随着客观环境和人的认识的变化，人们只能一点一点地改进饮食消费习惯，而不能迅速地摒弃。这种变化是在潜移默化的过程中完成的。

4. 职业影响饮食

从事不同工作的人，因热量消耗的不同，会选取不同的食物。蓝领阶层以工人或劳动者为主，工作时付出相当大的体力，所以在食物的选取上，他们要求饱食一顿，才有体力工作。白领阶层以经营者或管理者为主，工作性质异于蓝领阶层，所以在选取食物时，特别注重口感，充分享受用餐气氛。

第四章 形象篇
——职场礼仪之仪态

存在问题的不是桌子上的食物，而是椅子上的人。

——吉尔伯特

出席宴会，并不是一件轻松的事情。在觥筹交错之际，我们的吃相和谈吐举止正向人们昭示着自己的修养与品格。古往今来，餐桌都是社会交际的重要场所，因而餐桌礼仪历来为人们所重视。

在职场宴请中，你代表的不仅仅是你自己，而且代表了公司的形象。所以，不论男士或女士，参加正式餐宴时，都应展示自己最得体的一面。这就要求职场人士在餐桌上，不仅要有文雅的吃相、坐相，还要注意自己的服装、发型、饰品、肢体语言等，否则就会有美中不足之感，就会给人留下不好的印象。

餐饮礼仪的基本原则

餐饮礼仪是餐桌上具有约束力的行为规范，也是职场人士的必备技能。职场人士在宴会上的失礼、违礼或无礼等行为，会影响个人的整体形象，宴请的目的也就很难达到。以下这些内容是餐饮礼仪的基本原则，可以帮助你懂得如何恰到好处地展现自己的形象。

1. 守礼自律

守礼自律是指要守法循礼和守约重诺。在餐桌应酬时要严格自律，即所有参加宴饮的人应不分身份高低、职位大小、财富多寡，都要自觉遵守餐饮礼仪，以礼节规定为标准，规范自己的一言一行。

2. 举止文明

宴会进行过程中，赴宴者要做到举止文明。当主人或其他宾客讲话、敬酒、介绍菜肴时，应停止进食，正坐恭听，不可和旁人交头接耳，更不要摆弄餐具。一般情况下，宴会中不要高声谈笑，更不能喧宾夺主或反客为主。要注意自己饮酒、进食时的仪态。在宴会中，应当待主人示意举杯时，宾客才能举杯，夹菜时要待菜肴转到自己面前或主人、主客、长者先夹后，自己再夹。吃菜、吃饭时，要细嚼慢咽，喝汤时不要发出"咕咕"或"叭叭"的声音。

3. 诚信友善

随着经济全球化和服务行业的发展，人际交往日益频繁，每个人都需要处理大量的人际关系。人际交往的重要品德就是诚实守信，有了诚信，尊敬与友好才能更好地被对方理解和接受。在餐饮活动中，同样要做到待人以诚,言行一致。

4. 尊敬他人

古人云:"敬人者,人恒敬之。"获得别人尊重的前提是诚心尊敬他人。人际交往中的敬人原则同样要落实在餐饮活动中。餐饮礼仪中的敬人指理解交往对象的人格、爱好和习俗,真心诚意地尊敬对方、重视对方,恰到好处地赞美对方,不能做有损他人尊严或侮辱对方人格的事。

5. 谦恭适度

餐桌是情感沟通和交流的好地方,但这种情感交流讲究适度原则,即要恰当、妥帖地表达自己的敬人之意。这要求礼仪既周到又不过分:要彬彬有礼,但不能低三下四;要热情大方;要热情友好,殷勤接待;更要自尊自爱,不卑不亢。总之,把握交往的分寸,注意感情、谈吐、举止的适度。

6. 热情话别

宾客酒足饭饱时,应及时向主人表示感谢与道别,使宴会得以按时结束。这时,宾客不得因贪杯而拖延不散,也不能因余兴未尽迟迟不起,那样做不仅是对主人的失礼,也是对众宾客的不敬。在宴会结束时,应热情与主人话别,也要与其他客人道别。如果主人有一般礼物馈赠,应十分喜爱地将礼物收下,并表示感谢,绝不能不屑一顾。

7. 入乡随俗

餐饮活动中的宾客可能来自不同地方,"十里不同风,百里不同俗",所以处理宾客不同风俗的问题,应坚持入乡随俗的原则,即遵循宴会所在地的风俗习惯。入乡随俗原则不是固定不变的,也可以根据实际情况灵活变通,如宾客多来自同一个地方,有同样的风俗习惯,宴会就要遵守绝大多数人宾客的风俗习惯。

赴宴前的准备礼仪

赴宴是职场人士经常性的活动之一,其中有许多值得注意的礼节。赴宴时,如果你身穿工作服,满脸倦容或一身灰尘,这不仅显示了你对对方的不尊重,也影响了公司的整体形象。所以,赴宴前,准备的礼仪很重要,对自己进行一番洗理、一番化妆是很有必要的。具体来说,赴宴前的准备礼仪包括以下几方面:

1. 适当的打扮

在赴宴之前,必须把自己打扮得整齐大方,这是属于礼节范围内的。宴会中宾客很多,女宾们大都穿上华丽的新衣,而且容光焕发,你当然不应例外。男人赴宴比较简单,只要比平常多留意一下衣装即可。

★ 要留心脸部的化妆

女士们化妆要浓淡适中,如果你有一张漂亮的脸孔,那么淡淡地修饰一下, 更能显示出你的秀丽和高雅的气质。一切化妆的程序都应该在家里完成,因为在公共场合当着别人面化妆是不礼貌的。

★ 注意头发和胡须

头发应该事先洗净梳好。男士们要把胡须刮干净,若有充分的时间,男士们应去理个发,女士们若能上美容院做做头发则更好。

★ 洗澡养神

如果时间允许的话,赴宴前最好能彻底地沐浴一番,把从头到脚的污垢都洗去。沐浴后,最好用保护皮肤的化妆品涂在手臂、腿和颈部上,轻轻地擦匀,然后躺在床上养养神,因为你当然不愿在宴会时使人发觉你有一点点疲倦。

2. 服饰得体

要想给别人留下最好的印象,赴宴时注意衣着得体是非常重要的。得体的衣着不仅能够增强你的自信心,而且也体现了你对他人的重视。

据国内外专家们的数年调查研究表明,服饰是一种无声的语言,着装不当会影响你事业的成功,而得体的着装对事业的成功有很大的帮助。

★ **事先了解**

参加宴会前,最好能事先了解宴会的级别,尤其是赴宴宾客的穿着要求。一般公司同仁所参加的宴会,除了参考邀请函上的服装要求外,尽可能地了解主人的衣着品味档次。这样,自己才可做适宜的打扮,千万不要随兴而至,因太随便而失礼,或抢了主人的风采。

另外,还要注意鞋子是不是干净光亮,袜子有没有臭味。有些人的家里,进门或登楼就要脱去鞋子,换穿拖鞋,如果袜子有异味,便尴尬得很了。

★ **合适的饰品**

合适的饰品,有画龙点睛之效;过多的饰品,会画蛇添足,掩盖了自己的气质光芒。赴宴前,看看自己佩戴的饰品是否有多余的,是否协调。一般来说,只可选择一种作为聚焦的饰品,其他的尽量求其简单而协调。

★ **出门前检查**

在出门前,在全身镜前面照一照,看看自己的发型、化妆、饰品佩戴和服装是否搭配得恰到好处,是否还有什么不妥的地方。

3. 把握好时间

赴宴要遵守约定的时间,既不要太早,显得急于进餐,也不能迟到。最好事先探询一下,可依据请柬注明的时间,稍微提前一点。如果你与主人关系密切,则不妨早点到达,以帮助主人招待宾客,或做些准备工作。

4. 礼貌招呼

当你抵达宴请地点时，首先跟主人握手、问候致意。对其他客人，无论相识与否，都要笑脸相迎，点头致意，或握手寒暄，互相问好；对长辈老人，要主动让座请安；对小孩则应多加关照。万一迟到，在你坐下之前，应先向所有客人微笑打招呼，同时说声抱歉。

宴会中主人的行为礼仪

在职场宴请中，每个人都会不断地进入主人或客人的"礼仪"角色。要做一个十全十美的客人不易，能当好待客的主人则更难。宴请的成功有赖于主人的热情好客、慷慨招待和细致周到的组织安排。

1. 明白举行宴会的目的

宴请的目的是多种多样的，可以为某件事，也可以为某些人。如招待来访者、贵宾，为展览会开幕、闭幕，为某项工程奠基、竣工，为某个工厂开工、周年庆典等。如果你举行宴会是为了欢迎嘉宾，那么你应先弄清对方是喜欢排场大的酒会还是小型的餐会。

2. 注意自己的仪表

主人要注意自己的仪表，衣着不能太随便。因为客人一般都穿戴整洁，如果主人过于随便，不仅相对失色，而且还会给人以对客人不够恭敬的印象。在一般情况下，当客人来到之前，主人应该检查一下自己的仪表和衣饰。

3. 热情邀请和迎接

从礼节上讲，主人的职责是使每一位来宾都感到主人对自己的欢迎之意。

在宴会开始前,主人应该站立门前笑迎宾客,晚辈在前,长辈居后。对每一位来宾,要依次招呼,待客人大部分到齐之后,再回到宴会场所中来,分头跟客人招呼、应酬。主人对宾客必须热诚恳切,一视同仁,不可只注意应酬一两个人,而忽略了别的客人。

4. 带动谈话气氛

主人应特别关照害羞的客人,而且应该安排健谈的客人陪陪这些朋友。如果客人争辩个没完,主人必须设法排解。譬如有人对其他客人发动人身攻击;又如外国客人谈到自己国家事务可能会非常激动。碰到这些情况,主人可以说:"各位先生,××精心准备了这道大餐,为向她表示尊敬,让我们换个话题罢。"这时,另一位客人很可能会拿起酒杯说:"好!"然后大家干杯结束这场冲突。

5. 握手告别

当与宴的客人离去时,应像迎接与宴者一样地站在门口与他们一一握别。当与宴者像雪崩似地成群离去时,也应送至门口,挥手互相道别,并应致意说:"非常感谢各位的光临!"对那些在宴请中照顾不多的客人,应说几句抱歉和感谢之类的话。对走在后面的客人,可略为寒暄几句。

6. 以礼相送

客人辞别时,主人应以礼相送。送客除了说些道别的话外,还要注意一些礼节。主人应该与客人握手,亲切送到门口话别。如果在楼房居住,只要所住楼层不是很高,就应把客人送到楼下。同时要留意和提醒客人有没有遗留下衣物。对于远道而来的朋友,如果他不大明了附近的交通,主人应该告诉他们路线,可能的话最好能送他们到车站。

7. 主人行为准则

职场用餐,主人应该做什么事情,不应该做什么呢?下表是成功商宴中主人的行为准则:

应做的事	不应做的事
以书面形式确认你的邀请，说明具体地点，特别是当你与客人刚刚相识	不要想当然地认为你的客人一定会到。如果你不及时核对，客人就有失约的可能
询问客人是否有食物或饮食方面的偏好和禁忌	认为每个人的口味都和自己一样
适时抵达以迎接客人	迟到
确认一下客人可以有多长时间来用餐	主餐进行到一半的时候才核对客人是否有足够的用餐时间
如果客人迟到了，想办法使他们感到自在、轻松	忽略客人的情绪
以礼貌的方式招呼服务员	敲桌子、喊叫
如果在饭店遇到熟人，礼貌介绍你的客人	与熟人没完没了地交谈，冷落了客人
把握好谈论业务的时机	客人一入座就开始谈论正事

宴会中客人的行为礼仪

　　一次成功的宴请，只有主人的努力是不够的，还要客人的配合，以高雅的举止、风趣的言谈、从容的进餐来回应主人的盛情。所以，在职场用餐中，了解如何做好一个客人同样重要。在职场上，受邀做客，个人即代表公司、企业，因此，应把握受邀机会，适度地表现公司形象及个人特色，给他人留下良好的印象。

1. 接到邀宴时的礼貌

　　职场宴请是重要的社交活动，如果你受邀参加宴会，无论能否参加，都应该选一个恰当的时间(尽快)给对方明确的回复。如果不能按时赴宴，那就说实话,或传真,或打电话,感谢对方的邀请。

如果接受了邀请,但有特殊原因届时无法出席,应及早向邀请方解释、道歉,必要的话还要登门致歉。不能未经对方同意擅自携带他人出席宴请。

2. 穿着打扮得体

一旦你接受了邀请,就需要考虑着装问题,男士也不例外。作为客人,赴宴前应根据宴会的目的、规格、对象、风俗习惯或主人的要求,考虑自己的着装。着装不得体会影响宾主的情绪,影响宴会的气氛。如果对服装没有特别的要求,则以整齐、舒适为宜。

出席宴会,应当精神饱满、容光焕发,这需要提前适度修饰仪表。男士要修整须发,女士应面部化妆。

一般情况下,晚宴时可以打扮得华丽一些;一般聚餐穿着宜典雅秀丽;以交谊同乐为主的餐会,可打扮得正式中带着活泼,同时可以多表现一些个人风格。

3. 守时守约

准时到达是成为最佳宾客的要件之一,迟到、早退或逗留时间过短,都被认为失礼或者有意冷落。因此,要尽量避免迟到赶场。当然,也不必到达过早,以免有贪吃之嫌。一般来说,抵达的恰当时间,是书面邀请中注明的正点时间或早晚一二分钟之间。

4. 问候致谢

在进入餐厅前,应先整理服饰、补好妆、梳整头发、擦净雨水尘土、去除口腔异味,放松心情,面露微笑,仪态从容走入餐厅。切忌匆匆忙忙、蓬头垢面、脸色凝重。

到达宴会场所后,应向在门口迎候的主人致以问候,表示谢意。在餐厅,应根据认识与否自报家门,或由东道主进行引见介绍,听从东道主安排。要搞清与主人的关系,明白怎样称呼主人,向主人致以问候。

5. 点菜礼节

如果主人安排好了菜,客人就不要再点菜了。如果需要点菜时,不要选择太贵的菜,同时也不宜点太便宜的菜。作为客人,你可以选择自己喜欢的菜,不过要注意不要随意点那些最昂贵的菜。

6. 正确使用餐具

作为客人,一定要了解不同餐具的正确使用方法。比如,餐巾可以用来擦嘴,但不能擦脸、擦汗,更不能用来擦餐具、酒具。用餐结束后,餐巾不能揉作一团,也不要乱丢乱扔。

中餐餐具主要包括筷、匙、碗、盘等,不同餐具的使用有着不同的要求。使用筷子讲究最多,忌讳很多,如不要握得太高太低,每次不要夹菜太多,不要在盘中翻动,不要随意敲打,不能乱扔乱掷,不要挥舞,不能插在碗中,等等。

7. 道别

在正式宴会上,主人把餐巾放在桌子上或者从餐桌旁站起身来,就表明宴会结束了。只有看到这种信号以后,作为客人才可以把自己的餐巾放下,站起身来。

当宴会结束离开餐桌时,不应把座椅拉开就走,而应把椅子再挪回原处。男士应该帮助身边的女士移开座椅,然后再把座椅放回餐桌边。

客人在分手时应向主人的盛情款待表示感谢。如果吃完抹抹嘴巴就走,有失风度。如宴会结束,应向同桌用餐者致意告别,而不要只向自己相识的人道别;对其他用餐者,只要是进入视线范围内的,均应礼貌致意,最后切不可忘记向主人致谢道别。

8. 客人行为准则

应做的事	不应做的事
对主人提前一天来电确认一切是否进展顺利的行为表示赞许	对主人的来电过于敏感,认为是有人在核对什么事情
确定你已让主人知道你在饮食上的特殊要求和喜好	在未向主人告知你的喜好时,贸然对主人有关饭店的选择表示异议
准时到达饭店	因自身原因迟到而影响整个宴会的顺利进行
慎重挑选食物	仅仅因为价格最贵而点某道菜
着装得体,精神面貌良好	穿着随便,看起来疲惫不堪
可以谈论各种与业务无关的话题	在主菜上完后希望谈论业务
如果出现主人信用卡被拒收等尴尬场面,应尽量避开	出现尴尬场面时,静坐一旁,使主人更难为情
宴会结束,离开饭店之前向主人道谢	就餐完毕,匆匆离开,忘了向主人和服务人员致谢

不能忽视餐桌上的礼节

餐桌上有许多应注意的礼仪,而这些礼仪常被忽视。

1. 入座的礼仪

应邀出席宴请活动,应听从主人安排。如是宴会,进入宴会厅之前,先了解自己的桌次和座位,入座时注意桌上座位卡是否写着自己的名字,不要随意乱坐。具体来讲,应注意以下几点:

★ 应等长者坐定后,方可入坐。

★ 入座后姿式端正，脚踏在本人座位下，不可任意伸直，手肘不得靠桌缘，或将手放在邻座椅背上。

★ 席上如有女士，应等女士坐定后，方可入座。如女士座位在隔邻，应招呼女士。

★ 用餐后，须等男、女主人离席后，其他宾客方可离席。

★ 坐姿要端正，与餐桌的距离保持得宜。

★ 在饭店用餐，应由服务生领台入座。

2. 进餐的礼仪

作为客人，进餐时的心态要愉快平和。无论主人照顾是否周到、菜肴是否可口，都应表现出高兴的神态。进餐时的举止要文明礼貌，表现要自然大方。对于自己喜欢的食物，"不马食，不牛饮，不虎咽，不鲸吞。嚼食物，不出声，嘴唇边，不留痕。骨与秽，莫乱扔。"

进餐时，需要注意的礼节有如下几点：

★ 面对一桌子美味佳肴，不要急于动筷子，须等主人动筷说"请"之后你才能动筷。主人举杯示意开始，客人才能用餐。

★ 夹菜时要使用公筷，夹菜要适量，不要取得过多，吃不了剩下不好。盘中食物吃完后，如不够，可以再取。如由招待员分菜，需增添时，待招待员送上时再取。不能用筷子随意翻动盘中的菜。

★ 如果本人不能吃或不爱吃的菜肴，当招待员上菜或主人夹菜时，不要拒绝，可取少量放在盘内，并表示"谢谢，够了"。对不合口味的菜，勿显露出难堪的表情，可很少地夹一点，放在盘中，不要吃掉，当这道菜再传到你面前时可以不再夹这道菜。

★ 送食物入口时，两肘应向内靠，不直向两旁张开，碰及邻座。

★ 吃东西要文雅。闭嘴咀嚼，喝汤不要啜，吃东西不要发出声音。如汤、菜太热，可稍待凉后再吃，切勿用嘴吹。嘴内有食物时，切勿说话。

★ 进食时尽可能不咳嗽、打喷嚏、打呵欠、擤鼻涕，万一不能抑制，要用手帕、餐巾纸遮挡口鼻，转身，脸侧向一方，低头尽量压低声音。

★ 就餐时嘴巴上难免会留下一些痕迹。这时，要勤用餐巾纸擦拭嘴巴和手指，否则看起来实在不太雅观，有时甚至会倒人胃口。

★ 嘴内的鱼刺、骨头不要直接外吐，用餐巾掩嘴，用手(吃中餐可用筷子)取出，或轻轻吐在叉上，放在菜盘内。

★ 不要径自在餐桌上用牙签，即使你觉得牙缝塞得紧，暂时告退餐桌到洗手间，在这里你可以好好漱一漱口，或者用牙签好好剔一剔。

★ 吃剩的菜，用过的餐具牙签，都应放在盘内，勿置桌上。

★ 避免在进餐进行中抽烟，如果携带手机，宜将调为振动，如果需要接听手机，应该礼貌的和同桌就餐的人说一声"对不起，我出去接个电话"。而不应该在餐桌上与来电者大声地、没完没了讲电话。

掌握中途离席的技巧

参加宴会或与人约好一起吃饭，迟到和早退都是十分不恰当的，迟到既浪费了别人的时间，又得让人饿着肚子等待，早退则影响别人的兴致。常见一场宴会进行得正热烈的时候，因为有人想离开，而引起众人一哄而散的结果，使主办人急得直跳脚。欲避免这种煞风景的后果，当你要中途离开时，一定要掌握一些技巧。

1. 在适当时机告别

当有人离席时，整个气氛势必会受影响，谈话也会被迫中止，转而将视线集中在要离席的人身上。所以告辞时机的选择一定要注意,不要在大家谈天正热烈时或重要的事情还未宣布前就离开, 最好的时机是在大家都用餐完毕的时候。还应该注意以下事项:

★ 说明提早离席的原因,不能一声不响就离开或说走就走。

★ 为了不影响他人,可以请同桌其他的人待久一点儿,继续刚刚的话题,同时表示歉意,说明自己是真的有要事在身必须先告辞,不是故意要扫大家的兴。

★ 若是参加宴会,必须特地向主人致意,并说些表达感谢及称赞的话,例如环境雅致、菜肴可口、参加这次宴会感到非常愉快之类,对于交情不深的人点头微笑示意即可。

2. 告辞时的注意事项

★ 不要嘴里说要走,却依然坐在原位,那样主人就得顾着招呼,其他人也不能继续聊天,是很尴尬的。

★ 离席时应先和同性主人告别,也就是男性要先和男主人告辞,女性则先向女主人告辞,接着再向其他人致意。

★ 一般来说,主人先起身,其他的人随着离席,而职位低以及年纪较轻的,应礼让职位高和年长者先离开。

★ 感谢的措辞不可省,离席时一定不能忘了向主办人或东道主致谢,感谢他的辛苦与费心。如果还注意到了其他可以赞赏的地方,别忘了提出来,且要真诚,切忌虚情假意。

★ 向他人致意时,该说的事交代完即可离开,不要说个不停,这样对方既无法做他自己的事也不能招呼别人。

★ 如果是一群人要一起离席, 更要长话短说,不必要的客套话皆可省略,别耽搁他人太多的时间。

★ 要记得向同桌宾客说声“对不起”,然后注意前后是否会有妨碍,再起身离席。

★ 千万别和谈话圈里的每一个人——告别，只要悄悄地和身边的两三个人打个招呼，然后离去便可。

★ 中途离开酒会现场，一定要向邀请你来的主人说明、致歉，不可不辞而别。

★ 和主人打过招呼，应该马上就走，不要拉着主人在大门口聊个没完。因为当天对方要做的事很多，现场也还有许多客人等待他去招呼，你占了主人太多时间，会造成他在其他客人面前失礼。

★ 有些人参加酒会、茶会，当中途准备离去时，会——问他所认识的每一个人要不要一块走。结果本来热热闹闹的场面，被他这么一鼓动，一下子便提前散场了。这种闹场的事，最难被宴会主人谅解，一个有风度的人，可千万不要犯下这种错误。

宴席上吸烟的礼节

在宴席上，菜上得慢一点或吃到某一阶段时，主人就自然会向客人——敬烟，边抽烟、边吃菜、边谈天，这是吃中餐的特色。良好的敬烟、吸烟礼仪则被看做有修养的表现。

吸烟的人认为抽烟是一种享受，但它却可能带给别人许多不愉快。不过，只要吸烟的人多多注意礼貌和清洁，多想到别人，那么因香烟引起的不愉快就可以避免。

在席间抽烟要遵循以下礼节：

1. 把握好抽烟的时间

最好在用餐结束后饮用咖啡时再吸烟。有些人一入座就开始抽烟,这是违反用餐礼仪的。正式的宴席上虽然放置有烟灰缸,但大都是放在手无法拿到的地方,这意味着"抽烟请等到用餐后"。在餐厅也是一样的,可以抽烟的时候应是在用完甜点,饮用咖啡的时候。

如果实在忍不住很想在用餐时抽烟,可以向服务生说明,请他为你在吸烟区找个位置。因为烟味不但有损食物的香味,而且也会让其他人感到不愉快。所以即使你已经在饮用咖啡,但其他桌的人也许还在用餐,最好还是不要抽烟。

2. 敬烟的礼仪

主人在敬烟前,应询问客人是否吸烟,如有女士在,还应征得她的同意。如果来宾较多或同座身份高的人士都不吸烟时,则主人最好也不要吸烟。一般情况下,不要直接用手取烟给客人,因为这样可能使病毒、细菌传播给对方,这是很不卫生的。只要将烟盒打开口,把烟弹出少许,按照先客人后主人的礼遇顺序递过去,待客人自行取出后,主人再取出打火机或火柴,替客人点好烟,而后自已再吸烟。

3. 点烟的礼仪

当客人取出香烟准备吸的时候,主动帮助点烟是表示敬意的做法,但点烟要注意礼节。如果为多位客人点烟,点烟的顺序应是:身份高的、年长的、女士优先。

如果为客人点火,则最好是打着一次火只为一个客人点烟,最多也只能为两人点。如果用火柴点火,每划燃一根火柴,也不能为两人以上点火,切忌点三次以上。点过以后,应先吹灭以后再丢进烟灰缸中。

为客人点烟时,刚打着的打火机,你不知道它的火头大小,也不知几次能打着,不可直接送到客人脸前打开;划着的火柴头有浓烈的硫黄味,要等火焰燃烧正常后,再送到客人面前。

4. 注意事项

★ 为客人点烟是礼貌的表现,但不要反复地去主动帮助点烟,那样反倒让人生厌。

★ 如果自己正在戒烟或者根本就不喜欢抽烟,那么即使是长辈或上司敬的烟,也可以谢绝,不过要讲究谢绝的方式。

★ 点烟和吸烟时一定要注意防火。不要把火柴梗和烟蒂随地一丢或不熄灭就丢在垃圾桶里。

★ 吸烟时,不要才吸了一半就扔掉,也不要吸到烧手或过滤嘴边时才捻灭。烟蒂应放进烟灰缸内捻灭,以免冒出难闻的烟味。

★ 正在吸烟时,如果与人打招呼或说话,应将烟取下,叼着烟说话将被视为不尊重对方。

★ 有的人吸烟时喜欢仰面朝天吐出一个又一个烟圈,这个技巧是不值得炫耀的。向着别人的面部吞云吐雾,即使对方也是抽烟的人,也是非常失礼的。

★ 男士们应该在抽烟前先征得许可,在宴会上,如果已有人吸烟的话,可以不必这么做。但是在长辈面前、陌生女士旁边等,出于礼貌还是应该先征询一下他人的意见。

优雅就餐的 14 种礼仪

职场宴请,吃饭不仅仅为吃饱,更是在吃情调。尤其是吃西餐:大理石的壁炉、熠熠闪光的水晶灯、银色的烛台、缤纷的美酒,再加上人们优雅迷人的举止,组成了一幅迷人的画面。在餐桌上,如何做才能使自己的言谈举止优雅得体呢?下面的 14 种就餐礼仪可以作为参考:

1. 就座

就座时,身体要端正,手肘不要放在桌面上,不可跷足,与餐桌的距离以便于使用餐具为佳。餐台上已摆好的餐具不要随意摆弄。将餐巾对折轻轻放在膝上。

2. 餐具使用

使用刀叉进餐时,从外侧往内侧取用刀叉,要左手持叉,右手持刀;切东西时左手拿叉按住食物,右手执刀将其锯切成小块,然后用叉子送入口中。使用刀时,刀刃不可向外。进餐中放下刀叉时,应摆成"八"字型,分别放在餐盘边上。每吃完一道菜,将刀叉并拢放在盘中。不用刀时,也可以用右手持叉,但若需要作手势时,就应放下刀叉,千万不可手执刀叉在空中挥舞摇晃,也不要一手拿刀或叉,而另一只手拿餐巾擦嘴,也不可一手拿酒杯,另一只手拿叉取菜。要记任何时候,都不可将刀叉的一端放在盘上,另一端放在桌上。

3. 咀嚼时不说话

每次送入口中的食物不宜过多,在咀嚼时不要说话,更不可主动与人谈话。

4. 喝汤

喝汤时不要啜,吃东西时要闭嘴咀嚼。不要使嘴唇或咂嘴发出声音。喝汤时,用汤勺从里向外舀,汤盘中的汤快喝完时,用左手将汤盘的外侧稍稍翘起,用汤勺舀净即可。吃完汤菜时,将汤匙留在汤盘(碗)中,匙把指向自己。

5. 带刺或骨的菜肴

吃鱼、肉等带刺或骨的菜肴时,不要直接外吐,可用餐巾捂嘴轻轻吐在叉上放入盘内。如盘内剩余少量菜肴时,不要用叉子刮盘底,更不要用手指相助食用,应以小块面包或叉子相助食用。吃面条时要用叉子先将面条卷起,然后送入口中。

6. 面包

面包一般掰成小块送入口中,不要拿着整块面包去咬。抹黄油和果酱时也要先将面包掰成小块再抹。

7. 鸡和鱼

吃鸡时,欧美人多以鸡胸脯肉为贵。吃鸡腿时应先用力将骨去掉,不要用手拿着吃。吃鱼时不要将鱼翻身,要吃完上层后用刀叉将鱼骨剔掉后再吃下层吃肉时,要切一块吃一块,块不能切得过大,或一次将肉都切成块。

8. 取食有道

不可在餐桌边化妆,用餐巾擦鼻涕。用餐时打嗝是最大的禁忌,万一发生此种情况,应立即向周围的人道歉。取食时不要站立起来,坐着拿不到的食物应请别人传递。

9. 就餐有礼

就餐时不可狼吞虎咽。对自己不愿吃的食物也应要一点放在盘中,以示礼貌。有时主人劝客人添菜,如有胃口,添菜不算失礼,相反主人也许会引以为荣。

10. 斟酒

饮酒干杯时，即使不喝，也应该将杯口在唇上碰一碰，以示敬意。当别人为你斟酒时，如不要，可简单地说一声"不，谢谢!"或以手稍盖酒杯，表示谢绝。

11. 抽烟

在进餐尚未全部结束时，不可抽烟，直到上咖啡表示用餐结束时方可。如在左右有女客人，应有礼貌地询问一声"您不介意吧!"

12. 交谈

进餐时应与左右客人交谈，但应避免高声谈笑。不要只同几个熟人交谈，左右客人如不认识，可选自我介绍。别人讲话不可搭嘴插话。

13. 饮料和水果

喝咖啡时如愿意添加牛奶或糖，添加后要用小勺搅拌均匀，将小勺放在咖啡的垫碟上。喝时应右手拿杯把，左手端垫碟，直接用嘴喝，不要用小勺一勺一勺地舀着喝。吃水果时，不要拿着水果整个去咬，应先用水果刀切成四或五瓣再用刀去掉皮、核，用叉子叉着吃。

14. 衣物放置

进餐过程中，不要解开纽扣或当众脱衣。如主人请客人宽衣，男客人可将外衣脱下搭在椅背上，不要将外衣或随身携带的物品放在餐台上。

职场就餐宾客须知

中国人讲吃,不仅仅是一日三餐,解渴充饥,它往往蕴含着中国人认识事物、理解事物的哲理。"醉翁之意不在酒"。吃,已经超越了"吃"本身,获得了更为深刻的社会意义。它大则关系国家和民族的尊严,小至个人的修养和素质教育。但很多人都忽视了进餐的礼节,进餐时的行为及其不雅,如在餐馆内大声喧哗如入无人之地,进食时的各种声音令人侧目和极端反感等。

在职场宴请这样的正式场合,作为宾客,要时时处处注意自己的行为,争取做到以下几点:

1. 在宴席上要服从主人的座位安排,如有特殊原因如欲中途退场,应坐在靠外面的位置。

2. 当被介绍给他人时,应面带微笑,欠身点头问候,视距离远近而握手或抱拳作揖。

3. 当被介绍给女士宾客时,不要抢先与女士握手,要待女士有握手的表示时,方才可出单手相握。同时与女士握手的时间不能过长,更不能用双手以上下覆盖的方式去握女士伸出的一只手,并用上方的手轻拍女士的手背。

4. 不要主动递名片给其他客人,应在设宴主人介绍各方认识时恭敬地双手呈递名片。如果自己忘记带名片,在接受了他人的名片后应表示日后将把名片邮寄给对方并确实守诺,除非对方是自己所不愿意进一步交往的个别人士。如果自己没有名片,也应抱歉地说明。

5. 落座后应讲求坐姿,要求身正,腰直,自然垂肩,手不应放在桌上,手肘亦应如此,不要支在桌上。

6. 在宴会之初设宴主人致辞时,所有的宾客应立即无条件地停止任何交谈,认真倾听,并视情况鼓掌感谢和致意。

7. 宾客要注意,不能在宴席上喧宾夺主,以主人自居,不自量力,自私地要求所有的宾客完全围绕自己的话题发言。

8. 在宴席上交谈时,说话的声音以对方能清楚听到但音调较低和悦耳为宜。切忌说话时大声喧哗,口沫四溅,令人怀疑飞溅的口水飞沫污染了佳肴美食,令人大倒胃口,食欲皆无。

9. 不要冷落比邻的其他客人,要用适当的话题介绍自己,问候他人。

10. 不要在席上谈论不洁净或低级下流的事情,不要讲黄段子,不要飞短流长地散布谣言,要避免低级趣味的玩笑和游戏。

11. 不要冒失地打探其他宾客的个人情况,如收入,婚姻,家庭地址等,可谈论些礼貌的内容,如天气和个人爱好等中性话题。

12. 如要打喷嚏及咳嗽时,应用纸巾及时捂住口鼻,侧转身子并事后致歉意。绝对禁止在家宴时和公共餐厅内随地吐痰。餐桌上禁忌任何不洁的动作,如挖鼻孔、掏耳、用筷子剔牙、抓挠头皮等。

13. 在宴席厅内决不应放屁,如有可能应忍住并及时到卫生间去解决。

14. 喝茶时不能发出任何声音,最好用茶杯盖遮口,轻轻饮用。

15. 不要自私地贪吃自己喜欢的某道菜肴,应考虑其他宾客。

16. 进餐时切忌表现出狼吞虎咽的样子。

17. 在其他宾客夹菜时不能转动桌上的旋转台,作为客人最好不要自己转动旋转台。这件事应该是宴请主人的责任。某道菜位置离自己较远时,不应勉强取食,特别是不应越过别人的胸前长距离取食。

18. 不要酗酒,不要划拳猜酒,不要强迫他人喝酒,不要抢酒,不要指名要设宴主人再行购买酒类饮品。客人要时时为主人着想,尽量节约费用开支。不要在宴席上抽烟,除非席上的每一位宾客无例外的都是吸烟者。

19. 不要在宴席上交头接耳,说话时与对方保持一定的距离,不要侵占他人的身体空间,不要将手搭在他人的肩上、腿上或身上,不要将眼睛凝视或斜视他人,要转过头来或侧过身子正眼看人。近距离说话时要注意不能将口水飞沫溅在他人的身上,要用纸巾或餐巾掩口。

20. 进餐最好用公筷夹菜,要夹取菜盘中接近己方的菜肴部分,尽可能不要超越这个范围。千万不要用自己的筷子给他人夹菜。夹菜时不能犹豫不决,如用筷子触碰到一块菜食,不要再行放弃另行选择。筷子在菜食上不能停留过久。在别人夹菜并越过自己的前方时,不要同时出筷,应该耐心等待他人完成动作。

21. 进餐时不要张口咀嚼,避免发出各种不雅的声音。喝汤和饮酒及啜吸饮料时,不要发出任何声音,特别是喝粥时及进食面条时发出阵阵"呼噜"之声极其不雅。

22. 吃鱼及有骨和带皮的食物,不应该将鱼刺、骨及皮等直接吐到桌上,应该轻轻无声地吐到餐巾纸上或用手接住,然后放在小盘上,尽可能保持餐桌上的整洁卫生。

23. 进餐时不能一面咀嚼一面说话,切记不能让他人看到你口内的食物咀嚼过程。

24. 尽量避免在众人面前用牙签,如实在想用也应用纸巾掩口,并将食物残渣置于纸巾上,具体过程一定要避开他人眼光,最后将牙签折好包进纸巾,放于桌上。切忌进餐结束时口含牙签步出餐厅。

25. 要注意何时放下碗筷刀叉,如果是应主人之邀作陪,则应努力等待主要客人用膳完毕时结束饮食。

26. 客人不应询问宴席的费用,否则将被视为无礼和无理之举。如果不想真正地替宴请主人买单,就不要做作。

27. 要注意何时告辞。告辞前应再次向设宴的主人表示衷心的感谢,对他的盛情款待表示欣赏和高兴,但要记住不愿作出回请的安排则不要虚假的空头承诺或信誓旦旦。同时应向新结识的宾客友好道别。

如何避免 12 个最常见的用餐错误

现在的请客吃饭,大多是"醉翁之意不在酒",所以,吃的礼仪占有更重要的地位。但是,有的职场人员往往忽视了一些用餐细节,以至于失礼了还不知道。在职场宴请中,如何避免常见的用餐错误呢?有以下几点需要注意:

1. 在职场宴会上,一般不需要男士为女士把椅子拉出来,也不需要在用餐期间,当女士到来或者离开的时候起身。如果你是位女士,当一位男士为你拉出椅子,或者帮你开门的时候,要接受这种礼遇,并且要表示感谢。现在,不管谁最先走到门前,不管性别如何都要为其他人开门。

2. 不要在餐桌上用手指、牙签、餐刀剔牙。如果你觉得有什么东西塞在牙缝里,很有必要清除掉,最好去洗手间里解决问题。

3. 不要把盐瓶和胡椒瓶一起递给别人。正确的递法是把瓶子放在需要的人面前的桌子上,让他们自己取用。不要把盐瓶和胡椒瓶送到别人手里,因为在一些文化传统中,这样也许会带给别人坏运气。

4. 不要在餐桌上涂口红,梳理自己的头发。

5. 在用餐的过程中,如果你咬到比如骨头一类不能咽下的食物,不要随意吐出来,而应该小心地用拇指和食指取出来,放在盘子的边上。如果必须放在餐巾里,尽快跟服务生要一条新的餐巾。

6. 在你用完餐以后,不要把盘子推到一边,或者把盘子堆起来。这样会显得你很急切想让服务生把盘子拿走。

7. 不要把手提包、钥匙、笔记本或者电话放在餐桌上。如果你的手提包很小,放在膝盖上,上面要盖着餐巾。最好不要把手提包放在椅子背上,因为很可能会被服务生碰掉或者被偷。大的手提包或者公文箱,应该放在脚边或者两脚之间的地上。手机要设置成静音或者震动模式。

8. 在正式的宴会上,用餐时如果一件银器掉到了地上,就不要捡起来擦干净再用了,应该让服务员再换一件。如果是在主人家里吃饭,餐叉掉在地上,要捡起来然后跟主人再要一把餐叉。

9. 在用完糖包或者其他有包装纸的甜味包后,纸袋不要随便乱放,要把纸袋折叠起来放在碟子或者面包盘下面。

10. 不能整片或者半片地吃面包。吃面包时,先把面包撕成一口能吃下的大小,抹上黄油,然后吃下,这样看起来会显得更加有修养。需要注意的是,不要直接从黄油盘取黄油抹在面包上,而是从黄油盘里取些黄油放在自己的面包盘里。也不要用面包蘸汤吃,或者用面包蘸着盘子里的菜羹吃。

11. 服务生为你服务后表示感谢是应该做的,但没有必要每次为你服务后都表示感谢。最得体的做法是,通过偶尔的一声谢谢、你的微笑或丰厚的小费来表示。

12. 不要把餐巾塞到领子里,或者当成手帕用。在主人把餐巾从餐桌上取下之后,你可以把餐巾放在膝盖上。如果你需要临时离开餐桌去洗手间或者打电话,把餐巾放到椅子上。这样服务生就会知道你还会回来,当你用完餐以后,把餐巾整齐地放在你的餐盘的左侧。如果你的餐盘已经被撤走,把餐巾放在曾经放餐盘的地方。

第五章　礼节篇(上)
——职场礼仪之中餐

在宴席上最让人开胃的就是主人的礼节。

——莎士比亚

中华饮食，源远流长。在这自古为礼仪之邦、讲究民以食为天的国度里，饮食礼仪自然成为饮食文化的一个重要组成部分。中餐宴会展示了中华民族的传统文化，其就餐环境与气氛亦凸显浓郁的民族特色。中餐原料多样，选料讲究；刀工精细，技术高超；拼配巧妙，造型美观；注重火候，控制得当，调料丰富，讲究调味；美食美器，相得益彰。中国的饮宴礼仪始于周公，经过千百年的演进，终于形成了今天大家普遍接受的一套餐饮礼仪。

中餐宴会的特点和基本程序

1. 中餐宴会的特点

中餐宴会提供中式菜点和酒水,使用中式家具、餐具、茶具,按中式服务程序和礼仪服务,按中国人传统的方式进餐。其基本特点是:

★ 宴席菜点以中国传统菜肴为主,同时兼顾地方风味。

★ 餐具用品、就餐环境、台面设计、就餐气氛及其他附属设施能反映中华民族传统饮食文化气息,如最具代表性的餐具是筷子,餐桌为圆桌等。

★ 中餐宴席通常包括酒水、冷菜、正菜(或称热菜,包括热炒菜、大菜、素菜、甜菜和汤菜)、点心、随饭菜、水果等品种。

★ 中餐宴会一般采用合餐制,一桌人团团围坐合吃一桌菜,通常一个人点菜大家吃。

★ 服务程序和礼仪较复杂,突出中国特色。高档宴会要求上一道菜换一次餐盘,每道菜上桌后先向宾客示盘,然后再进行分菜。因此对服务人员的素质要求较高。

★ 宴席适应面广,既适用于礼遇规格高、隆重的高层次接待,又适用于一般的职场聚餐。

2. 中餐宴会的基本程序

中餐宴会主要包括以下几个基本程序:

★ 迎接宾客

公关人员、主持人提前到达宴会地,在一切安排就绪后,到门口准备迎宾。宾客到达时,作为主人在门口热情相迎,问候,握手,寒暄几句以示欢迎。

★ 引宾入席

接待人员指引来宾到事先指定的位置坐好。一般是先引主宾,后引一般来宾依次入座。如果有女宾,则先引女宾后引男宾入座。如若宴会规模较大,也可先将一般客人引入座位,然后引主宾入座。接待人员将椅子从桌子下面拉出,扶好后请客人落座。

★ 上菜

主宾及大部分客人落座后便可上菜。上菜是从女主宾开始的。如果没有女主宾则从男主宾开始。上菜一般从主宾的左边上,饮料从右边上。新上的菜要先放在主宾面前,并介绍名称。如果上全鸡、全鱼菜时,应将其头部对准主宾或主人。宴会即将开始时,为所有的来宾斟酒。

★ 祝酒

主持人宣布宴会正式开始后,东道主的主人致祝酒辞,接着是全体干杯,然后由主宾致答谢辞。当主宾祝酒致辞时,接待人员和服务人员应停止一切活动,找一个适当位置站好,在干杯之后将酒斟满。

★ 主持人和主人活跃会场气氛

主持人、主人、公共关系人员抓住时机,提出一些大家共同感兴趣的问题,引出话题,调动大家的积极性,使宴会自始至终处于热烈、亲切、友好的气氛之中。作为主人,应适当向客人敬酒,以示友好和尊重。

★ 送客

当主客双方酒足饭饱时,主人与主宾起立,大家随之,这时宴会即告结束。此时接待服务人员将主宾等的椅子向后移动,方便主宾等客人离座。当主宾及客人休息片刻准备告辞时,主人及东道主的接待服务人员送到门口,握手话别。

中餐宴会的准备工作

一次宴会成功与否，能否达到预期的目的，与宴会前的准备密切相关。中餐宴会前准备工作中的礼仪有：

1. 确定宴请的规格

在宴请前，首先确定宴会的规格，以什么名义由什么人出面主持宴请。宴请的规格主要根据宴请的性质、来访者的身份及双方关系和工作需要来确定。宴会规格一般应考虑宴会出席者的最高身份、人数、目的、主人情况等因素。规格过低，会显得失礼；规格过高，则无必要。

2. 确定邀请的对象、范围

邀请的对象必须是与本组织或与本次宴会有直接利益关系的代表人物，既不要遗漏，也不能随便乱请。一般每次请客都有一个目的：或洽谈项目，或签订合同，或接风迎客，或饯行话别等。按照常规，不宜把毫不相干的两批客人合在一起宴请，更不得把平时有芥蒂的客人请到一起吃饭、饮酒，以免出现不愉快的尴尬场面。

参加宴会者的身份应该相当，否则会使宾客感到有点"滥竽充数"。作陪人员一般讲究对等接待，即己方主陪与对方主宾身份地位相仿。接待高层领导，己方主要负责人应当出面。

3. 确定宴请时间、地点

宴请时间的确定，有的可按主人主观的安排，如企业开张、友人聚会等；有的随其他因素而决定，如接风送行等。至于具体宴请时间的确定，原则上以适应多数宾客能来参加宴会为准则,尤其应以主宾最合适的时间来确定,而不能只迁就主人的心意。

选好宴会的场所,是十分重要的事情。如有的适合家宴,以显示主客之间亲密无间的情谊;有的则宜在星级宾馆中宴请,以表示主人对客人的敬重;有的可在川菜馆里设宴,以满足宾客对川菜青睐的感情;有的则在清真饭店中摆席,以尊重少数民族客人的民族习惯。如此等等,无一不体现主人对宴会的精心安排,充分表现出主人对客人的敬意。总之,宴请地点应与宴请目的、性质和主宾的身份地位相适应,要能够充分表达对客人的敬意,而且要交通便利、环境优雅、菜肴精美、价格合理、服务到位。

4. 盛情邀请

组织比较正式的中餐职场宴请,应制发请柬。大型宴会请柬的发送,可以以单位名义,也可以以个人名义;小型宴会一般以个人或夫妇二人的名义;工作餐则以单位名义发。如果以夫妇二人的名义发送请柬,主宾、陪客的配偶均可列为受邀对象。

组织比较轻松随意的"便餐"式的宴请,可以采用电话或请人代转的方式进行邀请。无论采用哪种方式,都要做到两点:一是话要说到,说明理由,表达敬意和诚意;二要把事落实,明确告知时间、地点、参加人员,询问清楚对方能否出席、有无其他需要等。

5. 确定菜单

宴会菜谱的确定,应根据宴会的规格"看客下菜",总的原则应考虑客人的身份以及宴请的目的,做到丰俭得当。整桌菜谱应有冷有热、荤素搭配,有主有次、主次分明。即一桌菜要有主菜(如鱼翅、甲鱼等),以显示菜的规格,也要有一般菜以调剂客人的口味(如荷兰豆、锅塌豆腐、香辣土豆丝等)。具体菜肴的确定,还应以适合多数客人的口味为前提,尤其要特别照顾主宾的饮食习惯。在订好菜谱的同时,还要准备好酒水、香烟、瓜子、糖果等。

6. 拟定讲话稿或祝酒词

如宴请要正式致辞,应提前拟定讲话稿。讲话稿的内容以少而集中为原则,并将抄件事前交给宾方,为主宾致答词和祝酒提供方便。在祝酒词里,除了对来访者表示欢迎和友好之意外,大多还借此机会阐述本公司政策和对某些问题的立场,甚至是双方的敏感问题或彼此的意见分歧和主张。

7. 仔细检查

宴请开始前,礼宾工作人员要仔细检查宴会厅的布置、桌次、灯光照明以及扩音设备,并催请本方出席人员按时到达宴会厅前迎候客人。客人到达时,主人依次握手,然后步入宴会厅。

中餐席位排列的礼仪

"排座次",是整个食礼中最重要的一项,它关系到来宾的身份和主人给予对方的礼遇。中餐席位的排列,在不同情况下,有一定的差异。可以分为桌次排列和位次排列两个方面。

1. 桌次排列

在中餐宴请活动中,往往采用圆桌布置菜肴、酒水。排列圆桌的尊卑次序,又有两种情况:

★ 由两桌组成的小型宴请

这种情况,可以采取两桌横排或两桌竖排的形式。两桌横排时,桌次讲究以右为尊,以左为卑(左和右的位置由面对正门的位置来确定);两桌竖排时,桌次讲究以远为上,以近为下(远和近是以距离正门的远近而言)。

★ 由三桌或三桌以上的桌数所组成的宴请

在安排多桌宴请的桌次时,主要有"面门为主"、"右高左低"、"各桌同向"等三个基本的礼仪惯例。

"面门为主"是指,在每张餐桌上,以面对宴会厅正门的正中座位为主位,通常应请主人在此就座。"右高左低"是指,在每张餐桌上,除主位之外,其余座位位次的高低,应以面对宴会厅正门时为准,右侧的位次高于左侧的位次。"各桌同向"是指,在举行大型宴会时,其他各桌的主宾之位,均应与主桌主位保持同一方向。

除了要注意"面门为主"、"右高左低"、"各桌同向"等规则外,还应兼顾其他各桌距离主桌的远近。一般来讲,距离主桌越近,桌次越高;距离主桌越远、桌次越低。

★ 餐桌大小、形状基本一致

在安排桌次时,所用餐桌的大小、形状要基本一致。除主桌可以略大外,其他餐桌都不要过大或过小。另外,为使宴请时赴宴者能够及时、准确地找到自己所在的桌次,可以在请柬上注明对方所在的桌次、在宴会厅入口悬挂宴会桌次排列示意图、安排引位员引导来宾按桌就座,或是在每张餐桌上摆放桌次牌号(用阿拉伯数字书写)。

2. 位次排列的原则

位次排列的一般原则有以下几方面:

★ 右高左低

两人一同并排就坐,通常以右为上座,以左为下座。这是因为中餐上菜时多以顺时针方向为上菜方向,居右坐的因此要比居左坐的优先受到照顾。

★ 中座为尊

三人一同就坐用餐,坐在中间的人在位次上高于两侧的人。

★ 面门为上

用餐的时候,按照礼仪惯例,面对正门者是上座,背对正门者是下座。

★ 观景为佳

高档餐厅里,室内外往往有优美的景致或高雅的演出,供用餐者欣赏。这时候,观赏角度最好的座位是上座。

★ 临墙为好

在某些中低档餐厅用餐时,为了防止过往侍者和食客的干扰,通常以靠墙之位为上座,靠过道之位为下座。

★ 临台为上

宴会厅内若有专用的讲台时,一般靠讲台的餐桌为主桌,如果没有专用讲台,有时候以背靠主要画幅的那张餐桌为主。

★ 各桌同向

如果是宴会场所,各桌子上的主宾位都要与主桌主位保持同一方向。

★ 以远为上

当桌子纵向排列时,以距离宴会厅正门的远近为准,距门越远,位次越高贵。

3. 位次排列的方法

宴请时,每张餐桌上的具体位次也有主次尊卑的区分。排列位次的基本方法有:

★ 主人大都应面对正门而坐,并在主桌就坐。

★ 举行多桌宴请时,每桌都要有一位主桌主人的代表在座。

★ 位置一般和主桌主人同向,有时也可以面向主桌主人。各桌位次的尊卑,应根据距离该桌主人的远近而定,以近为上,以远为下。

★ 各桌距离该桌主人相同的位次,讲究以右为尊。也就是说,以该桌主人面向为准,右为尊,左为卑。

另外,每张餐桌上所安排的用餐人数应限在 10 人以内,通常应为双数。比如,6 人、8 人、10 人。人数如果过多,不仅不容易照顾,而且也可能坐不下或是显得拥挤。

根据以上位次排列的基本方法,圆桌位次的具体排列可以分为两种具体情况。它们都是和主位有关。

一是每桌一个主位的排列方法。特点是每桌只有一名主人,主宾在右首就座,每桌只有一个谈话中心。二是每桌两个主位的排列方法。特点是主人夫妇在同一桌就座,以男主人为第一主人,女主人为第二主人,主宾和主宾夫人分别在男女主人右侧就座。

另外,如果主宾身份高于主人,为表示尊重,也可以安排在主人位子上坐,而请主人坐在主宾的位子上。

为了便于来宾准确无误地在自己位次上就座,除招待人员和主人要及时加以引导指示外,应在每位来宾所属座次正前方的桌面上,事先放置醒目的个人姓名座位卡。

中餐宴席的摆台

摆台是指把各种不同的餐具、酒具等用餐时必备的用具按一定的规范摆放在席桌上。摆台是宴请活动中必不可少、又要求很高的一个礼仪程序,它以方便、卫生为原则。首先必须了解中餐所用的各种主要餐具。中餐的餐具主要有筷子、碟子、调羹、碗、圆盘、条盘等。中餐宴席摆台主要包括铺放台布、围餐椅、摆放餐具、美化餐台等操作。

职场人员对摆台的基本要领须有所了解。其意义主要有两点：一是必要时对餐饮服务人员的准备工作予以指导；二是自己参加宴请活动时对不符合规范的餐具摆放进行自我调整，使用时不致失态、失礼。

1. 选择餐台规格

中餐宴席一般选用木制圆桌，桌面直径一般为 160 厘米、180 厘米、200 厘米、220 厘米等规格。宴席组织者可根据用餐人数的多少、场地的大小等，选择合适的餐台进行摆台。

2. 铺台布，摆转盘

在铺台布前要对所用的台布进行检查，看是否洁净、无破损，有一项不合格就不可使用。铺台布时应分步进行：

★ 站位

服务员将副主人位的座椅拉开，并站立在副主人位处，把台布放于副主人位的台板上。

★ 铺台布

铺台布前，先将折叠好的台布从所折中线处打开抓起。

★ 撒铺台布

撒铺台布时，将抓起的台布采用撒网式或抖铺式的方法抛向正主人位一侧。不论用哪种方法铺台布，用力均不可过大，以免台布角落地。但用力过小，台布不易打开铺平，应做到动作熟练、用力得当、干净利落。

★ 落台定位

台布抛撒出去后落台平整、位正，做到一次铺平定位。台布不能沾地面，台布中间的十字折纹的交叉点正好在餐桌的圆心上，台布正面股缝朝上，中线直对正、副主人席位，四角要直线下垂，下垂部分与地面距离相等，铺好的台布图案在桌中间，平整无皱纹。

★ 摆转盘

铺好台布后,在餐台中间摆上转盘底座和转盘,要求餐台圆心与转盘圆心重合。

3. 围餐椅

从主人位开始围餐椅。每把餐椅之间间距相等,并正对餐位。餐椅的前端与桌边平行,注意下垂的台布不可盖于椅面上。

4. 美化餐台

全部餐具摆好后,再次整理,检查台面,调整座椅,最后在餐桌中心摆上装饰物品,如花瓶、花篮等。

中餐宴席的上菜程序

中餐上菜的程序自古就很讲究。清朝乾隆年间的才子袁枚,在其著名的《随园食单》上,就曾对上菜程序做过如下论述:"上菜之法,咸者宜先,淡者宜后;浓者宜先,薄者宜后;无汤者宜先,有汤者宜后。度客食饱则脾困矣,需用辛辣以振动之;虑客酒多则胃疲矣,需用酸甘以提醒之。"袁枚的这段话,总结了中餐宴会上菜的一般程序。

目前中餐上菜的顺序一般为:冷盘→热菜→炒菜→大菜→汤菜→炒饭→面点→水果。

1. 中餐的上菜原则

中餐宴会上菜掌握的原则是:先冷后热,先菜后点,先咸后甜,先炒后烧,先清淡后肥厚,先优质后一般。

基本原则,既不可千篇一律,又要按照中餐宴会相对稳定的上菜程序进行。因为中国的地方菜系很多,又有多种宴会种类,如著名的燕翅席、鱼翅席、海参席、全羊席、全鸭席、全素席、满汉全席等。地方菜系不同,宴会席面不同,其菜肴设计安排也就不同。在上菜程序上,也不会完全相同。例如全鸭席的主菜,北京烤鸭,就不作为头菜上,而是作为最后一道大菜上的,人们称其为"千呼万唤始出来"。又如上点心的时间,各地习惯亦有不同,有的是在宴会进行中上,有的是在宴会将结束时上;有的甜、咸点心一起上,有的则分别上。这都是根据宴席的类型、特点和需要,因人因事因时而定。

2. 各地上菜的顺序

但是,中餐宴席的款式很多,上菜的顺序各地又有不同的顺序,如果将其分类归并,大体上有如下四种类型:

★ 北方型

包括华北、东北、西北等地。北方宴席格局大都比较朴实,菜名一目了然,数量上也因需而定,注重实效,不一定都要追求"吉数"和讲究单双,反映了中原大地饮食文化特色:古朴、自然、大方、庄重。

其上菜程序大体上是:第一道冷荤,有时也带果碟等;第二道热菜,以大件带熘炒的形式编排;第三道汤点形式,以面食为主体。

★ 西南型

主要是云、贵、川三省。西南型的酒筵格局往往带有浓厚的民间生活气息,菜品简易醒目,注重乡土风味,突出当地的名特原料,装盘也较丰满,大多数席面物美价廉,颇耐品尝。

其上菜程序多为:第一道冷菜,彩盘带单碟;第二道热菜,一般是热炒与大菜;第三道小吃;第四道饭菜,以小炒或泡菜为主;第五道水果,多用当地名品。

★ 华东型

如上海、江苏、浙江、安徽,还有湖北、湖南等地。华东宴席格局比较注重情韵和文采,菜品秀丽,讲究层次,突出鱼米之乡的特点,烹调精细,并时常融注诗情画意与典故传说。

其上菜程序一般是:第一道冷碟,大都成双数;第二道热炒,也是双数;第三道大菜,包括头菜、二汤、荤素大菜、甜品和座汤;第四道饭点,米食、面食兼备;第五道茶果,其数目视席面规格而定。

★ 华南型

主要是广东与广西,福建和台湾也受其影响。华南型的酒筵格局与热带气候相适应,菜名艳美,用料珍奇,席面精巧,档次一般偏高,讲究"吉利"与时序,服务更系上乘,商品经济的特征最为明显。

其上菜程序是:开席汤→冷盘→大菜→热荤→饭点(米食为主,面食为辅)→茶果。

以上四种宴席格局,分别反映出黄河、辽河、长江、珠江流域的食风与食礼。它们和我国四大菜系的辐射区域基本上是一致的,从中也可看出酒筵与菜系之间的密切的依附关系。

3. 注意事项

★ 如有两桌或两桌以上的宴席,上菜要看主桌,但上菜的数量和时间应大体一致,不可有厚此薄彼之嫌。

★ 一般情况下,上一道新菜就要把旧菜撤出去,但遇到特殊情况,如有的客人还想吃这道菜,或主人喜欢桌上丰盛,应将旧菜推向副主位一边,把新菜摆在桌中或主宾处。撤去旧菜前须事先经主人同意。

★ 如果上鸡、鸭、鹅、鱼、全猪、全羊等有头有尾的菜或椭圆形菜盘,头的一边或椭圆形菜盘纵向的一边,一定要朝向正主位。

★ 如果所上的菜有配作料食用的,一定要配齐再上,一般是先上作料后上菜,也可以作料、菜一起上。

★ 各道菜肴上齐后,服务人员应告诉主人,然后换上小碗上饭。客人用餐后,送上热茶,放在每一餐碟的右边,随即撤去餐具,只留下酒杯、茶杯,后上甜菜、甜点心,最后上水果。

中餐餐具的使用礼仪

中餐餐具,即用中餐时所使用的工具。在一般情况下,它又分为主餐具与辅餐具两类。中餐的主餐具,是指进餐时主要使用的、必不可少的餐具。中餐的辅餐具,是指进餐时可有可无、时有时无的餐具,它们主要在用餐时发挥辅助作用。除了筷子以外,中餐餐具通常还有勺、碗、盘、水杯、湿巾、水盂、牙签等。

1. 勺的使用礼仪

勺子的主要作用是舀取菜肴食物。在一般情况下,用筷子取食时,可以用勺子来辅助,尽量不要单用勺子去取菜。以勺子取食时,不宜过满,免得溢出来弄脏餐桌或自己的衣服。必要时,可在舀取食物后,在其原处"暂停"片刻,待其汤汁不再流出时,再移向自己。

使用勺子,有以下四点注意事项:

★ 用勺子取用食物后,应当食用,而不要把它再次倒回原处。

★ 用勺子进食时,尽量不要把勺子塞入口中,或反复吮吸它。

★ 若取用的食物过烫,不可用勺子将其折来折去,也不要用嘴对它吹来吹去。

★ 暂时不用勺子时,应置之于自己的食碟上。不要把它直接放在餐桌上,或是让它在食物之中"立正"。

2. 碗的使用礼仪

在中餐里,碗的主要用途是盛放主食、羹汤等。商界人士在正式场合用餐时,用碗的注意事项主要有以下三点:

★ 食用碗内盛放的食物时,一般不要端起碗来进食,尤其是不要双手端起碗来进食。正确的做法是以筷、勺加以辅助。

★ 碗内若有食物剩余时,不可将其直接倒入口中,也不能用舌头伸进去乱舔。

★ 暂时不用的碗内不宜乱扔东西。不能把碗倒扣过来放在餐桌上。

3. 盘的使用礼仪

盘子在中餐中的主要作用是盛放食物,其使用方面的讲究与碗略同。盘子在餐桌上一般应保持原位,不能被搬动,而且不宜多个摞放在一起。

需要着重加以介绍的,是一种用途比较特殊的被称为食碟的盘子。食碟的主要作用,是用来暂放从公用的菜盘里取来食用的菜肴。使用食碟时,要注意以下几个问题:

★ 不要一次从菜盘里夹取过多的菜肴,这样使食碟看起来既繁乱不堪,又不雅观。

★ 一般不取多种菜肴堆放在一个食碟里,也许它们会相互"窜味",而且也不好看。

★ 不宜入口的残渣、骨、刺不要吐在地上或桌上,而应轻轻取放在食碟前端,放的时候不能直接从嘴里吐在食碟上,要用筷子夹放到碟子旁边。如果食碟放满了,可以让服务员换。切不要让其与菜肴交错,搞得杯盘狼藉。

4. 水杯的使用礼仪

水杯主要是供盛放清水、汽水、果汁、可乐等软饮料时使用。需要注意的是,不要用其去盛酒,盛酒应有专用的酒杯,也不要倒扣水杯。喝进嘴里的东西不能再吐回水杯。

5. 湿巾和餐巾的使用礼仪

如今,在中餐用餐前,通常会为每位用餐者上一块湿毛巾。它只能用来擦手,绝对不可用以擦脸、擦嘴、擦汗。擦手之后,应将其放回盘中,由侍者取回。有时,在正式宴会结束前,会再上一块湿毛巾。与前者不同的是,它只能用来擦嘴,却不能揩脸、抹汗。

很多餐厅都为顾客准备了餐巾,通常,要等坐在上座的尊者拿起餐巾后,你才可以取出平铺在腿上,动作要小,不要像斗牛似的在空中抖开。餐巾很大时可以叠起来使用,不要将餐巾别在领上或背心上。

6. 水盂的使用礼仪

有时,品尝中餐者需要手持食物进食。此刻,往往会在餐桌上放一个水盂,专用来洗手。在水盂里洗手时,不要乱甩、乱抖。得体的做法,是两手轮流沾湿指尖,然后轻轻浸入水中涮洗。洗毕,应将手置于餐桌之下,用纸巾擦干。

7. 牙签的使用礼仪

主要用来剔牙之用。用中餐时,尽量不要当众剔牙。非剔不行时,应以另一只手掩住口部进行。剔出来的东西,切勿当众观赏或再次入口,也不要随手乱弹,随口乱吐。剔牙之后,不要长时间叼着牙签。

几种典型的中餐菜肴的食用礼节

餐会上的各道菜式,在具体的品尝方法上均有所不同。若不了解各种菜的具体品尝方法,同样也有失礼节。下面列举几种典型的中餐菜肴的食用:

1. 吃面条的礼仪

吃面条或其他条状的面食时,最方便的方式是用筷子,但动作要轻,防止面带着汤乱溅。吃细长的面条时,假如你是坚持"正统"吃法的人,就会用筷子卷绕面条,不宜太多,约只卷四五条。卷绕时要慢,让所有的面条结实地卷绕在筷子上,然后就可以将它送入嘴巴。

吃面条时,要避免费劲地将面条吸入口中,而发出嘶嘶的响声。

2. 喝汤的礼仪

在喝汤时有些礼仪应特别注意:

★ 不要发出声音

喝汤时,嘴里发出呼噜呼噜的声音是十分粗鲁的。至于那些以为不因此而不足以显示自己气派的人,则纯粹是因为缺乏教养,而并未意识到自己犯了礼仪上的大忌。

★ 不可以口对着热汤吹气

有时,端上桌的汤很烫,这时,应先少舀些汤尝一尝。如果太热,可将汤倒入碗里用汤匙慢慢地舀一舀,等汤稍许降温后再喝,切勿用嘴对着热汤吹气,这是很不雅的行为。

★ 不要用汤碗直接就饮

当汤碗里的汤将喝尽时,有的人干脆将汤碗端起来,一饮而尽。这样做,状如豪迈,而实为粗俗,与礼仪上的要求更是格格不入。正确的做法,应是用左手端碗,将汤碗稍为侧转,再以右手持汤匙舀汤而喝。如果盛汤用的是汤杯,那完全可以手持杯耳而喝,这是合乎礼仪的。

3. 虾蟹的吃法

吃虾蟹肉开胃品时,应该使用摆在餐桌上的餐具中最小的那把叉子(通常放在最左侧,有时也可能摆在最右侧)。如果这道开胃小菜还附有一小碟酱汁,用汤匙取少许淋洒在虾肉或蟹肉上,也可以用叉子叉海鲜,沾这些酱汁来吃。

如果用来装虾子的是高脚盘,且虾子体积甚大不能一口吞下,但是要在高脚盘中将虾子分切成数段又有困难,在这种状况下,用小叉子叉起大虾,放到碟子上,然后用刀将它分切成两段或三段。如果你觉得这样做还是冒险,也可以用叉子叉起虾子,一口一口地吃。

4. 食带骨食物的礼节

★ 鸟类。吃如鹌鹑等小鸟肉时,尽量使用筷子,然后只用单手来吃,直到小鸟身上没有任何细嫩美味的肉丝留下为止。但要注意的是,用手拿的部分应是小鸟的翅膀和腿,不能拿身体部分。

★ 鸡肉。吃鸡肉、火鸡肉或任何一种家禽时,要注意的事项都是一样的。应该使用筷子来吃。是否可以动手将剩余的部分拿起来吃个干净,应视情况而定。当然,这样做并不是很雅观。

★ 肉排。用叉子或尖刀插入牛肉,猪肉或羊肉排的中心。如果排骨上有纸袖,你可用手抓住,来切骨头上的肉,而这样就不会使手油腻。在正式场合就餐时,即使包有纸袖也不能用手拿着骨头啃着吃。在非正式场合,只有骨头上没有汤时才可以拿起来啃着吃。

★ 鱼类。吃鱼要当心鱼刺。如果端上餐桌的是一道鱼片,鱼刺多半已剔除,进食时可以放心。而如果是全鱼,这就需要你自己来剔鱼刺了,正确的方法是:先将鱼骨剔出,然后将鱼平着分开,取出鱼骨食用。如果不慎吃进了鱼刺,应用拇指和食指捏出。

5. 龙虾的吃法

龙虾是一道汁多味美的佳肴,打破龙虾壳取出虾肉的过程是享用这道美食的一种额外的乐趣。不论在什么场合,吃龙虾之前,都不要羞于戴上围兜。吃龙虾时,桌面上一般会有一把胡桃钳和小壕叉或尖核针。胡桃钳可用来夹裂龙虾壳,小叉子则可用来挖取狭窄难取之处的虾肉,至于较大部位的虾肉则可用普通的筷子来挖取。

具体的食用方法是：以左手将龙虾固定在盘中，右手用力拔下龙虾的大螯，放在盘子边。然后，继续将龙虾身躯固定在盘中，并以筷子取出尾部的虾肉，分切成数小块，以便蘸酱入口。然后用手拔下小虾螯，由有裂口的这一端吸取甜美的虾肉和汁液。接下来将放在盘子边的大虾螯夹裂，取出虾肉，分切成数小块，蘸上你喜欢的酱汁。

现代中餐宴席的 15 种术语

在宴席上，有一些专门的术语，如手碟、彩盘、四七寸碟等。作为一名商界人士，如果不了解这些术语，很有可能在宴会中出丑，闹笑话。有人总结了以下几种宴席常用术语，职场人士应该了解掌握。

1. 手碟

手碟是为早到的客人准备的，主要供宾主谈心和等人用。传统上有蜜饯、糕点，但现在流行以茶水、瓜子代替。

2. 彩盘

彩盘又称主盘，是大型工艺冷菜，用以增添宴席气氛，显示企业烹调技艺水平。彩盘一般都配上围碟。

3. 单碟

单碟，宴席中用来盛装除彩盘以外的冷菜的碟子，一只单碟只装一个菜品，荤素均可。如果宴席冷菜中有主盘，则单碟就称围碟。单碟的数量由宴席价格档次决定，可以是奇数也可以是偶数。

4. 对镶碟

它是区别于单碟的碟子,即一个盘子中有两种不同的冷菜。传统宴席中一般是一荤一素,多用条盘盛装。要求盘内两种菜肴的味道、色泽、造型等,都要互相和谐、分量相当。用三种不同冷菜摆放的称为"三镶碟",依次类推。

5. 四七寸碟

它是指用四个七寸碟子盛装的不同冷菜,其他五七寸碟、九七寸碟、十二五寸碟、十三五寸碟意义与此相同。

6. 热炒

热炒多数以煎、炒、爆为主,汤汁也比较少。要求色艳、味美、鲜香爽口,量不宜多,一般要比大菜的盘略小一些。热炒通常穿插在大菜之间上席。

7. 正菜

正菜也称主菜、大菜、柱子菜,是宴席热菜的主体,现代宴席中通常指除汤菜以外的各式热菜。大菜分头菜、二汤、荤素大菜、甜点与座汤,是宴席的主角。

8. 头菜

头菜,顾名思义是指排在所有大菜最前面,是一桌菜中最贵的一道。按传统,宴席是根据头菜来命名的。比如说鱼翅席,其实就是头菜是鱼翅,而不是道道菜都是鱼翅。

9. 素菜

素菜一般是用笋、菌以及时鲜蔬菜为主料,经炒、烧、扒或烩等方法烹制而成的正菜,主要起清口解腻、平衡营养的作用。在以粤菜菜系为代表的南方地区,素菜通常是最后一道热菜。

10. 甜菜

甜菜是正菜中的一道甜味菜。在川菜、淮扬菜等菜系的传统宴席中,甜菜一般是上在座汤之前,标志着正菜即将上完,然而在这些菜系的现代宴席中,甜菜有时又放在座汤之后,作为最后一道热菜。

11. 汤菜

汤菜是宴席中不可缺少的重要菜式之一。在以川菜、淮扬菜为代表的菜系中,宴席汤菜一般是最后一道热菜,此时的汤菜称"座汤",行话又叫"押座菜"或"压桌菜"。但有时又在一些烤炸菜后加上清汤菜,此时的清汤菜又称为"二汤菜",行话叫"半汤菜"。还有的菜品成菜后呈半流体状或浆状,被称为"羹汤菜",通常也用来代替清汤菜而作为二汤菜。为了汤味不重复,中餐"二汤菜"一般用清汤,座汤用奶汤,但在以粤菜为代表的南方地区,汤菜常常在冷菜之后作为第一道热菜上席,有时又称作"例汤",类似于西餐中的浓汤。粤菜中的例汤是各菜系中较独特的品种,按传统的观念,它是纯粹的饮品,不属于热菜的范畴。

12. 随饭菜

在传统宴席中,随饭菜是宴席饮酒完毕后,供客人吃主食(尤指米饭)时用的菜。现代宴席丰富了冷菜品与小吃点心,所以一般中高级宴席都取消了随饭菜。为了解腻醒酒,普通宴席如果不配小吃与席点,也可配上 2~4 道随饭菜。

13. 席点

它一般是配着正菜上的点心,穿插于宴席之中。在味的配合中,讲究"咸点"与咸味菜相配,"甜点"与甜味菜相配。在质的配合上,汤菜宜配饺,烤炸菜宜配饼、甜羹;菜宜配糕。在季节配合上,夏秋宜配羹糕,冬春宜配饼酥等。小吃是宴席冷、热菜上完之后跟上的小食品,主要以地方风味的名特小吃为主。现代宴席中,又常常用席点与小吃代替主食,丰富宴席内容。

14. 主食

主食主要是指宴席冷热菜结束后上的饭食,如米饭、面条或粥等。

15. 水果

水果是宴席最后上的食品。同时也是宴席饮食内容结束的标志，目前多用水果拼盘。

第六章　礼节篇(下)
——职场礼仪之西餐

礼仪是在他的一切别种美德之上加上一层藻饰，使它们对他具有效用，去为他获得一切和他接近的人的尊重与好感。

——约翰·洛克

西餐是中国和其他东方国家的人们对西方餐饮的统称。所谓"西方"，习惯上是指欧洲国家和地区，以及由这些国家和地区为主要移民的北美洲、南美洲和大洋洲的广大区域。

随着我国对外交往的日益频繁，西餐离我们越来越近。对于商界来说，西餐已成为招待宴请活动的一种重要方式。与中餐相比，西餐礼仪要繁琐复杂得多。比如刀叉该如何使用，餐具的摆放和使用又有哪些讲究，餐巾有哪些用途，点菜有什么技巧，座次如何安排，菜点如何享用，等等。人们常说，吃西餐在很大程度上讲是在吃情调，可是很多人情调没有吃出来，却吃出一些问题，闹出一些笑话。所以，职场人员有必要了解西餐的一般常识和礼仪，以免在宴请场合中出"意外"。

西餐的主要特色

中西文化背景的不同,导致了人们饮食需求的差异,于是中西餐就有了许多区别。从其烹饪和服务方式看,同其他饮食体系相比,西餐具有鲜明的特色。

1. 中西餐的区别

中西餐的区别主要体现在以下几方面:

★ 宴席菜单结构不同

一般中餐宴席菜单结构以一道冷菜、一道汤、6~8 道热菜、主食点心为基本模式。而西餐宴席菜单则是头盘(或冷或热)、汤、沙拉、主菜、甜点,其主要区别在主菜上,西餐就餐者一般只享用一道主菜,而中餐就餐者可以享用 6~8 道主菜。

★ 用餐方式不同

中国人历来注重大团圆,因此中餐的每道菜均由大家分享,多是共餐式;而西餐则更多地注重个人的饮食需求。因此,西餐就餐者只享用自己所选择的菜肴。

★ 就餐用具不同

由于不同的饮食习惯,导致中西餐使用的用具也不同。中餐主要使用筷子,享用汤菜时用勺。西餐的餐具却品种繁多,除刀、叉、匙、盘以外,不同的菜使用不同的餐具。

★ 佐餐酒不同

中餐的佐餐酒以烈性酒为主,辅以啤酒、葡萄酒、米酒等。而西餐的佐餐酒主要是红葡萄酒、白葡萄酒或玫瑰葡萄酒,并注重不同菜肴的搭配。开胃酒通常用于就餐者食用主菜之前,甜酒用于餐后,烈性酒则喜欢单独饮用,不作为佐餐酒。

2. 西餐的主要特色

★ 取材丰富,用料讲究

西餐取材有牛羊肉类、水产类、野味类、家禽类、果蔬类、乳品类、谷类等多种类型,其用料以讲究著称,菜肴常在制熟后调味以适应就餐者的不同口味。

★ 注意营养卫生

西餐烹制注重膳食中营养素的含量及营养价值,讲究菜肴与酒水的搭配。如配餐酒,就分为开胃酒、佐餐酒和餐后甜酒等。不仅营养丰富,有食疗作用,而且配餐合理。如开胃酒饮后能刺激胃口,增强食欲;佐餐酒主要是红、白葡萄酒,饮后可促进内分泌,有滋补强身作用;餐后甜酒能帮助消化。为保持营养,部分菜蔬采用生食。

★ 讲究环境优美

西餐注重环境的优美,吃西餐就是吃情调道理也体现于此。大理石的壁炉、熠熠闪光的水晶灯、银色的烛台、缤纷的美酒,再加上人们优雅迷人的举止,这本身就是一幅动人的油画。

★ 服务多样性

西餐的桌面服务方式有法式、美式、俄式和英式服务,不同的服务方式有不同的特点。

法式服务也称餐车服务,具有用具讲究、装饰豪华、现场烹制等特点,并配有酒水服务员;美式服务也称盘式服务,具有服务快捷、不需昂贵设备等特点;俄式服务也称大盘服务,有服务员分让菜肴,适用于宴会服务等特点;英式服务是典型的家庭式服务,由主人按家庭方式起传,把菜肴绕桌传递,客人自取所需菜量,服务员精力则主要用于清理餐桌。

★ 餐具使用规矩多

西餐的餐具使用,具有规矩多、讲究多的特点,它要求就餐者按规矩注意用餐姿势和用餐动作,体现了一定的品位和格调。

西餐宴席的摆台方式

由于用餐方式、使用餐具等方面的不同,西餐宴席在摆台上与中餐宴席有明显的区别。世界上高规格的西式宴会的摆台是基本统一的。各式西餐摆台的共同原则是:垫盘居中,叉左刀右,刀尖向上,刀口向内,盘前横匙,主食靠左,餐具靠右,其余用具酌情摆放。酒杯数目与酒的种类相等,摆法是从左至右,依次摆烈性酒杯、葡萄酒杯、香槟酒杯、啤酒杯等。西餐中还有一个重要用具是餐巾。餐巾一般放在盘子里,如果在宾客尚未落座之前就需要往盘子里放某种食物时,餐巾就放在盘子旁边。

由于各国用餐方式的差异,西餐宴席餐具的摆放在各国各地都有所不同,有基本摆台、法式摆台、美式摆台等。

1. 西餐宴席基本摆台

★ 餐台

西餐宴席多采用方形、半圆形、长方形、1/4圆所拼成的一字形长台、T形台、U形台、椭圆形台等,在大型西餐宴席中,有时也选用圆形餐台进行摆台设计。

★ 铺台布

铺一字形台时,服务员应站立于餐台长侧边,将台布横向打开。双手捏住台布一侧边,将台布送至餐台另一侧,然后再将台布从餐台另一侧向身体的一侧慢慢拉开。铺好后的台布要求正面股缝朝上,四周下垂部分均等。铺一字形长台、U 形台、T 形台、椭圆形台等,需要几块台布拼铺时,要求所有台布股缝方向一致,连接的台布边缘要重叠,台布下垂部分应平行相等。

★ 摆放餐椅

如果参加宴席的客人人数为偶数,可采用面对面的方式摆放餐椅;如果是奇数,可交错摆放餐椅,使每位客人前面视野开阔,没有阻挡。餐椅摆放要整齐,餐椅边以恰好触及台布下垂部分为宜。

★ 摆放餐具、饮具

摆餐盘(服务盘、展示盘):从主人位开始,按顺时针方向依次将餐盘摆放在每个餐位的正中,距桌边 1.5 厘米。

摆餐刀、餐叉等:从餐盘的左侧由外及里依次摆放沙拉叉、鱼叉、主餐叉,从餐盘右侧由外及里依次摆放沙拉刀、汤勺、鱼刀、主餐刀。除鱼刀、鱼叉向前突出 2~3 厘米外,其他刀、叉、勺把平齐,距桌边 1.5 厘米。

摆甜品叉勺:在餐盘的正前方摆甜品叉、勺。其方法是在餐盘正前方先摆甜品叉,叉把朝左,甜品叉的前方摆甜品勺,勺把朝右。

摆面包盘、黄油刀:在头盘叉的左侧 1 厘米处摆面包盘,在面包盘上右侧摆黄油刀。

摆放饮具:将水杯摆在餐盘的右上方,再从左至右依次摆放红葡萄酒杯、白葡萄酒杯。三套杯在一条斜线上,与桌边呈 45°角。杯与杯之间相距 1 厘米。

摆餐巾:西餐宴席一般选用碟花。将叠好的碟花依次摆放在餐盘上。

★ 摆放用具

摆盐瓶、胡椒瓶、牙签桶:按每4人用一套的标准摆放在餐台中线位置上。

摆烟灰缸:从主人位右侧摆起,每两人摆一个。

摆菜单:放于正、副主人餐具的右侧,距桌边1.5厘米。

摆花瓶(插花):摆于餐台中心位置。

摆烛台:烛台摆放于中股缝距花瓶(插花)10厘米处。

★ 检查摆台

检查餐台上各种餐具是否齐全,每套餐具间距是否合适,餐具是否清洁无破损,座椅是否整齐干净,台布是否符合标准。

2. 法式宴席摆台

★ 在距桌边不超过3厘米处放展示盘。

★ 在餐盘上摆放叠好的餐巾一条。

★ 餐叉置于餐盘的左侧,其叉柄末端紧靠桌边,里边为主餐叉,外边为沙律叉。

★ 餐刀置于餐盘右侧,其刀柄末端紧靠桌边。

★ 汤匙放在靠近餐刀的右侧。

★ 黄油碟置于餐叉的左侧,碟上置黄油刀一把,与餐刀平行。

★ 在餐盘的正前端,放甜品叉及甜品勺,勺在上,叉在下,勺把朝右,叉把朝左。

★ 饮水用的玻璃杯(或酒杯)放在餐刀的前端。

法式服务虽然不倒冰水,但也不能把玻璃杯倒放在餐桌上,此与美式服务正好相反。玻璃杯口朝下,将使欧洲客人感到离用餐还有一段时间。

在客人用餐时间不供应咖啡(与美式服务不同),通常不用摆茶匙。供应咖啡应在甜点之后,茶匙置于咖啡杯的右侧底碟上。

　　由于西餐具是依据菜单摆放的,因此各种西餐宴会常因菜点不同,所摆放的餐具数量和种类也有所变化。

3. 美式宴席摆台

　　★ 在餐位正中摆放餐巾,或留出空位。

　　★ 在餐巾的左侧从里到外依次摆放主餐叉和沙律叉。

　　★ 在餐巾的右侧从里到外依次摆放主餐刀、黄油刀、汤勺和茶匙。

　　★ 水杯放在餐刀的右前方,咖啡杯或茶杯放在水杯的右方或汤勺的右方。葡萄酒杯放在水杯的右侧。美式服务中水杯通常倒立在桌上,倒水之前才正立过来。

　　★ 面包盘放在餐叉前端 2.5 厘米的位置。黄油刀也可以置于面包盘上,靠近上端与桌边平行。

　　★ 糖盅和黄油碟摆放在两个客人中间的前端。

西餐的座次排列礼仪

　　在西餐用餐时,人们对于座次的问题十分关注。越是正式的场合,这一点就显得越是重要。与中餐相比,西餐的座次排列既有不少相同之处,也有许多不同之点。

　　西餐席桌的位次排列仍然是右高左低,掌握了这一原则,排列起来就比较简单了。

1. 座次排列的规则

　　在绝大多数情况下,西餐的座次问题,更多地表现为位次问题。桌次问题,除非是极其隆重的盛宴,一般涉及较少。因此,以下将主要讨论的,是西餐的位次问题。

排列西餐的位次,一般应依照一些约定俗成、人所共知的常规进行。了解了这些基本规则,就可以轻而易举地处理位次排列问题。

★ 主位为准

西餐位次的高低,原则上以主位为准,右高左低,以靠近者为上,依次排列。一般非官方接待,以女主人的座位为准,主宾坐在女主人右上方,主宾夫人坐在男主人右上方。众人皆自觉向女主人看齐,当女主人为自己铺上餐巾时,示意用餐开始。

举行两桌以上的西餐宴请,各桌均应有第一主人,其位置应与主桌主人的位置相同。由于我国的习惯同国外有别,为便于交谈,也按宾客的职务、身份安排。即主宾坐在男主人右上方,其夫人坐在女主人的右上方。但瑞典和丹麦的客人,则应坐在主人的左上方。在瑞士,主人坐在桌子的一端,而贵客坐在另一端。

★ 恭敬主宾

在西餐中,主宾极受尊重。即使用餐的来宾中有人在地位、身份、年纪方面高于主宾,但主宾仍是主人关注的中心。在排定位次时,应请男、女主宾分别紧靠着女主人和男主人就座,以便进一步受到照顾。

★ 女士优先

在西餐礼仪里,女士处处备受尊重。在排定用餐位次时,主位一般应请女主人就座,而男主人则须退居第二主位。

★ 面门为上

有时又叫迎门为上。它所指的是,面对餐厅正门的位子,通常在序列上要高于背对餐厅正门的位子。

★ 距离定位

一般来说,西餐桌上位次的尊卑,往往与其距离主位的远近密切相关。在通常情况下,离主位近的位子高于距主位远的位子。

★ 交叉排列

用中餐时,用餐者经常有可能与熟人,尤其是与其恋人、配偶在一起就座,但在用西餐时,这种情景便不复存在了。商界人士所出席的正式的西餐宴会,在排列位次时,要遵守交叉排列的原则。依照这一原则,男女应当交叉排列,生人与熟人也应当交叉排列。因此,一个用餐者的对面和两侧,往往是异性,而且还有可能与其不熟悉。这样做,据说最大的好处是可以广交朋友。不过,这也要求用餐者最好是双数,并且男女人数各半。

2. 座次排列的详情

在西餐用餐时,人们所用的餐桌有长桌、方桌和圆桌。有时,还会以之拼成其他各种图案。不过,最常见、最正规的西餐桌当属长桌。下面,就来介绍一下西餐排位的种种具体情况。这将更有助于商界人士更好地理解和掌握排位的基本规则。

★ 长桌

以长桌排位,一般有两个主要办法。一是男女主人在长桌中央对面而坐,餐桌两端可以坐人,也可以不坐人;二是男女主人分别就座于长桌两端。

某些时候,如用餐者人数较多时,还可以参照以上办法,以长桌拼成其他图案,以便安排大家一道用餐。

★ 方桌

以方桌排列位次时,就坐于餐桌四面的人数应相等。在一般情况下,一桌共坐 8 人,每侧各坐两人的情况比较多见。在进行排列时,应使男、女主人与男、女主宾对面而坐,所有人均各自与自己的恋人或配偶坐成斜对角。

★ **圆桌**

在西餐里,使用圆桌排位的情况并不多见。在隆重而正式的宴会里,则尤为罕见。其具体排列,基本上是各项规则的综合运用。

餐桌上如何使用刀与叉

《风月俏佳人》中有一个很有趣的情节:大嘴美女朱丽亚·罗伯茨扮演的街头游莺应理察·吉尔的要求,第二天要去参加他的一个职场餐会,为了能够成功对付那些刀叉,她请酒店的经理培训了一夜。第二天面对餐桌上三对并列摆放的刀叉,她松了一口气,笑道:"我记得怎么用。"可见,在比较正式的西餐宴会上,刀叉的使用礼仪是不可忽视的。

刀叉,是对餐刀、餐叉两种餐具的统称。二者既可以配合使用,也可以单独使用。不过,在更多的情况下,刀叉是同时配合使用的。刀叉的正确使用,对不少商界人士而言,是想做而又不会做的。

1. 刀与叉的区别

西餐用的刀、叉各有其用,不能替代或混用。

★ **刀**

刀是用来切割食物的,不要用刀挑起食物往嘴里送。切记:右手拿刀。如果用餐时,有三种不同规格的刀同时出现,一般正确的用法是:带小小锯齿的那一把用来切肉制食品;中等大小的用来将大片的蔬菜切成小片;而那种小巧的、刀尖是圆头的、顶部有些上翘的小刀,则是用来切开小面包,然后用它挑些果酱、奶油涂在面包上面。

叉:要左手拿叉,叉起食物往嘴里送时,动作要轻。同时,牙齿只碰到食物,不要咬叉,也不要让刀叉在齿上或盘中发出声响。

2. 刀与叉的种类

在正规的西餐宴会上,通常都讲究吃一道菜要换一副刀叉。即在吃每道菜时,都要使用专门的刀叉。既不可以胡拿乱用,也不可以从头至尾只用一副刀叉。一般情况下,享用西餐正餐时,出现在每位用餐者面前的餐桌上的刀叉主要有:吃鱼所用的刀叉,吃肉所用的刀叉,吃黄油所用的餐刀,吃甜品所用的刀叉等。

★ 吃鱼所用的刀叉和吃肉所用的刀叉,应当餐刀在右、餐叉在左地分别纵向摆放在用餐者面前的餐盘两侧。餐叉的具体位置,应处于吃黄油所用餐刀的正下方。

★ 吃黄油所用的餐刀,没有与之相匹配的餐叉。它的正确位置,是横放在用餐者左手的正前方。

★ 吃甜品所用的刀叉,应于最后使用。它们一般被横向放置在用餐者正前方。

3. 刀与叉的摆放

★ 用餐中为八字形

如果在用餐中途暂时休息片刻,可将刀叉放在盘中,刀头与叉尖相对成"一"字形或"八"字形,刀叉朝向自己,表示还是继续吃。如是谈话,可以拿着刀叉,无须放下,但若需是作手势时,就应放下刀叉,千万不可手执刀叉在空中挥舞摇晃。

应当注意,不管任何时候,都不可将刀叉的一端放在盘上,另一端放在桌上。

★ 用餐结束的摆置方式

用餐结束后,可将叉子的下面向上,刀子的刀刃侧向内与叉子并拢,平行放置于餐盘上。尽量将柄放入餐盘内,这样可以避免因碰触而掉落,服务生也较容易收拾。

4. 刀叉的正确拿法

吃西餐的基本姿势是,右手拿刀,左手拿叉。这时叉子的背侧应朝上。除了肉之外,其他菜肴尽量不要叉着吃,姿势才会显得优美。

宴席上最正确的拿刀姿势是"手握住刀柄,拇指按着柄侧,食指压在柄背上。"有人会把食指伸到刀背上,这种方法并不正确。除了咬紧牙根用力才能切断的菜肴,或刀太钝之外,食指都不能伸到刀背上。也有人会伸直小指拿刀,尤其是女性。或许当事人以为这种姿势才优雅,其实是错误的。

5. 刀叉的使用方法

刀除了用于切割食品外,还用来帮助将食品拨到叉齿上。叉可以用于单独进食或取食。叉如果不是与刀并用,则叉齿应该向上。刀叉并用时,叉齿应该向下。

使用刀叉,一般有两种常规方法可供借鉴。

★ 英国式

它要求在进餐时,始终右手持刀,左手持叉,一边切割,一边叉而食之。比如吃肉菜时,右手持刀切肉,左手持叉,叉尖朝下,把肉扎起来送入口中。如果有烧烩的蔬菜,就用刀把菜挑到叉上再送入口中。通常认为,此种方式较为文雅。

★ 美国式

它的具体做法是,先是右刀左叉,一口气把餐盘里要吃的东西全部切割好,然后把右手里的餐刀斜放在餐盘前方,将左手中的餐叉换到右手里,再来以之大吃一气。这种方式的好处,据说是比较省事。

西餐刀叉使用注意事项

使用刀叉进餐,是西餐的最重要的特征之一。关于刀叉的使用除了要掌握一些礼仪原则外,还要注意以下一些具体事项。

1. 刀叉的暗示

使用刀叉,可以向服务员暗示用餐者是否吃好了某一道菜肴。

★ 请添加饭菜

盘子已空,但你还想用餐,把刀叉分开放,大约呈八字形,那么服务员会再给你添加饭菜。注意:只有在准许添加饭菜的宴会上或在食用有可能添加的那道菜时才适用。如果每道菜只有一盘的话,你没有必要把餐具放成这个样子。

★ 未用完餐

盘子没空,如你还想继续用餐,把刀叉分开放,大约呈三角形,那么服务员就不会把你的盘子收走。

★ 已用好餐

如果吃完了,或不想再吃了,则可以刀口内向、叉齿向上,刀右叉左地并排纵放,或者刀上叉下地并排横放在餐盘里。这种做法等于告诉服务员,请将刀叉及餐盘一块收掉。

2. 切割食物时

在切割食物时, 一般的习惯是左手和右手肘关节这个地方应该正好夹在腰的两侧,这样控制切割的动作。要切记双肘下沉,而切勿左右开弓。那样做,有碍于人,并且姿势也不好看。如果一不小心,可能会把正在切割的食物弄到盘子外面去。被切割好的食物应刚好适合一下子入口。切不可叉起它之后,再一口一口咬着吃。还要注意,在切割食物时,不可以弄出声响。

3. 刀叉的朝向

将餐刀临时放下时,不可刀口外向。双手同时使用刀叉时,叉齿应当朝下;右手持叉进食时,则应叉齿向上。掉落到地上的刀叉切勿再用,可请服务员另换一副。

4. 席间谈话时

正确使用刀叉,不仅是礼仪上的需要,同时也是为了安全,如果由于不熟悉规矩,在用西餐时不慎将餐具误伤自己或者旁人,那是一件很尴尬的事情。所以,在席间谈话时,可以不必将刀、叉放下。但如果你要做手势,就应该把刀叉放下,切不可拿着刀叉在空中比划。另外,也不能将刀叉竖起来拿着。

5. 吃米饭时

吃饭时,利用叉子的背面舀食物虽然没有违反餐桌的礼仪,不过看起来的确是不够雅观。吃米饭时,可以很自然地将叉子转到正面舀起食用,因为叉子正面的凹下部位正是为此用法而设计的。这时候,也可利用刀子在一旁辅助用餐动作。将餐盘上的料理舀起时,利用刀子挡着以免料理散落到盘子外面,如此一来就可以很利落地将盘内食物舀起。

6. 吃沙拉与面包时

西方吃沙拉只准用叉子吃,以右手拿叉,叉尖朝上。通常,有一把吃沙拉的专用叉子。另外,取食面包则应该用手去拿,而绝不可用叉去叉。拿好面包后,放在旁边的小碟中或大盘子的边沿上。涂面包黄油时,应从面包上掰下一块,用刀抹些黄油再吃,而不是把整块面包一下子都抹上黄油。

7. 吃有调味酱的料理时

吃淋上调味酱的料理,可以利用刀子刮取调味酱,再以汤匙将料理与酱料一起送入口中。如以叉子叉住,再用汤匙淋上调味后食用,则是错误的动作,因为这样一来,在料理送往口中时,酱料会滴得到处都是很不雅观。以叉子舀起料理时,以左手持用叉子,将食物置于叉子正面的叉腹上送入口中。

8. 吃细碎的食物时

当盘子内的细碎食物聚集时,可利用刀子挡着,再以叉子靠近舀起。利用汤匙代替刀子也是可以的。以叉子将料理聚集到汤匙上,再以汤匙将食物送入口中。

西餐中餐巾的使用礼仪

在西餐餐桌上离不了餐巾,它不但有实用性,而且在很大意义上也是一种装饰品,起到点缀和使整个摆台美观的作用。餐巾通常会被叠成一定的图案,如皇冠形、扇形、扇贝形等,餐巾的颜色和造型变换不定,往往与整个就餐环境相得益彰。

在西餐宴席上,职场人士在使用餐巾时应注意以下礼仪原则:

1. 餐巾的摆放

西餐里所用的餐巾,通常会被叠成一定的图案,放置于用餐者右前方的水杯里,或是直接被平放于用餐者右侧的桌面上。它们面积上有大、中、小之分,形状上也有正方形和长方形之别。

从餐桌上拿起餐巾,先对折,再将褶线朝向自己,餐巾应被平铺于自己并拢的大腿上,其主要目的,就是为了"迎接"进餐时掉落下来的菜肴、汁汤,以防止衣服弄脏。绝不能把餐巾抖开,如围兜般围在身上,或塞在领口。而把餐巾的一角塞进腰带里,也是错误的方法。假如衣服的质地较滑,餐巾容易滑落,那应该以较不醒目的方法,将餐巾的两端塞在大腿下。

2. 餐巾的使用

★ 取餐巾要看时机

当主人宣布开始用餐时,客人方可取下餐巾,否则会被误解为有些迫不及待。

★ 欲言之前要擦嘴

用餐期间与人交谈之前,应先用餐巾揩一下满是油渍的嘴巴,免得自己"满嘴生辉"、"五光十色"。擦拭嘴巴时,拿起餐巾的末端顺着嘴唇轻轻压一下即可,弄脏的部分为了不让人看见,可往内侧卷起。

女士进餐前,也可用餐巾轻印一下口部,以除去唇膏,避免留下唇印。以餐巾揩口时,其部位应大体固定,最好只用其内侧。

★ 必要时遮羞

在进餐时,尽量不要当众剔牙,也不要随口乱吐东西。万一非剔牙不可时,应以左手拿起餐巾挡住口部,然后以右手去剔牙。将鱼骨头或水果的种子吐出时,可利用餐巾遮住嘴后,用手指拿出来后再放在餐盘上。也可以直接吐在餐巾内,再将餐巾向内侧折起。通常服务员会注意到并换上一条新的餐巾。但倘若这些过程没有遮掩,是颇为失态的。

★ 中途离开放置好

宴席中最好避免中途离席。若中途暂时离开,一会儿还要复返,继续用餐,可将餐巾放置于本人座椅的椅面上。但理想的方式应是用盘子或刀子压住餐巾的一角,让它从桌沿垂下,当然,脏的那一面朝内侧才雅观。

★ 餐毕叠好餐巾

餐巾用完后虽然不用折叠得过于整齐,但千万不要把餐巾挂在椅背上或是揉成一团放在桌子上。正确的方法是:用餐完毕站起来,首先将腿上的餐巾拿起,随意叠好,再把餐巾放在餐桌的左侧,然后起身离座。如果站起来后才甩动或折叠餐巾,就不合乎礼节了。如有主宾或长辈在座,一定要等他们拿起餐巾折叠时才能跟着动作。

3. 注意事项

★ 通常,不应以餐巾擦汗、擦脸,擦手也要尽量避免。特别要注意,不可用餐巾来擦餐具。一方面不雅观,另外主人会认为你嫌弃其餐具不干净,这样做有失风度。

★ 主人提供餐巾就是希望客人来享用,所以作为客人,你可大大方方地使用,是可以将其弄脏的。如果不用或是不愿将餐巾弄脏,反而拿出自己的手帕或面纸等来用的话,这不仅是违反用餐礼仪的,而且对主人来说,也是很尴尬的。

★ 餐巾不是抹布,不可用来打扫桌上的残渣。不应像摇晃小旗子似的在餐桌上摇晃餐巾,也不可随意乱拧。

西餐具的使用礼仪

除了刀叉之外,西餐的主要餐具还有餐匙、餐巾等。以下将分别对它们进行介绍。西餐桌上出现的盘、碟、杯、水盂、牙签等餐具,其用法与中餐大同小异。

1. 餐匙

餐匙,有时也叫调羹。品尝西餐时,餐匙是一种不可或缺的餐具。餐匙同中餐汤匙相比,在形状和使用上也有很大的不同。职场人士应该掌握其区别、用法两大问题。

★ 餐匙的类别

在西餐的正餐里，一般会至少出现两把餐匙，即汤匙和甜品匙。它们形状不同、用途不一，摆放的位置也有各自的既定之处。

相对而言，个头较大的餐匙为汤匙，通常它与餐刀并列纵放在用餐者右侧的最外端。另一把个头较小的餐匙则为甜品匙，在通常情况下，它应当被横向摆放在吃甜品所用刀叉的正上方，并与其并列。如果不吃甜品，用不上甜品匙的话，有时，它也会被个头同样大小的茶匙所取代。汤匙和甜品匙，各有各的用途，不可相互替代。职场人士只有了解了这一点，才不至于闹出笑话来。

★ 餐匙的用法

使用餐匙，也是要从外侧向内侧取，即先拿离你最远的那把，然后再拿最近的那把。要注意，勺子是不能含在嘴里的，一般勺子边缘到嘴边就倒进去。

★ 注意事项

在使用餐匙时，有下述四点必须予以高度重视：

第一，使用餐匙取食时，动作应干净利索，切勿在甜品、汤之中搅来搅去。另外，还要适可而止，不要过量，而且一旦入口，就要一次将其用完。不要一餐匙的东西，反复品尝好几次。餐匙入口时，应以其前端入口，而不是将它全部塞进嘴去。

第二，使用餐匙时，要尽量保持其周身的干净清洁，不要动不动就把它搞得"色彩缤纷"，"浑身挂彩"。

第三，餐匙除可以饮汤、吃甜品之外，绝对不可直接舀取其他任何主食、菜肴等。

第四，使用过的餐匙，切不可再放回原处，也不可将其插入菜肴、主食，或是令其"直立"于甜品、汤盘或红茶杯之中。

124

124

2. 酒水杯具的使用

西餐酒水杯具的选择与使用,在酒店、酒吧、餐馆、酒楼中有较严格的规定。

载杯使用酒类	常见杯具及名称	杯具容量(盎司)	使用说明
烈酒类	净饮杯	1~2	用来盛含量较高的烈性酒,斟酒量1/3杯
威士忌	古典杯、矮脚古典杯	2	杯粗矮有稳定感,斟威士忌酒时常加冰块,斟酒量为1/6杯
饮料果汁	水杯、哥士连杯、森比杯、海波杯	8~16	用来盛各类果汁、冰水、软饮料或长饮类混合饮料,斟水(果汁)量为8分满
啤酒	皮尔森杯、啤酒杯、暴风杯	16~32	皮尔森杯、长三角啤酒杯和暴风杯用来盛瓶装的啤酒,它们的独特的形状使人们较为容易和方便。带把柄的啤酒杯又叫揸啤酒杯,常用来盛大桶装的生啤,斟酒量为8分满
白兰地	白兰地杯(矮肚杯、拿破仑杯)	1	杯形状肚大脚短,使用时,以手托杯,让手温传入杯中使酒微温,以便酒香能更好地散发出来;但一次倒入杯中的酒不宜过多,斟酒量为1/3杯
鸡尾酒	三角鸡尾酒杯、梯形鸡尾酒杯	2~3	杯高脚,以避免手温传入到酒中而影响鸡尾酒的口感,斟酒量为2/3至8分满
利口酒、雪利酒	利口酒杯	3~4	用于盛餐后饮用的甜酒或喝汤时配的雪利酒,斟酒量为2/3杯
酸酒	酸酒杯	4~6	杯口窄小而身长,杯壁为圆桶形,专用来盛餐后饮用的酸酒,斟酒量为2/3杯
葡萄酒	红葡萄酒杯、白葡萄酒杯	4~5	红葡萄酒杯比白葡萄酒杯大,红葡萄酒斟酒量为1/2杯,白葡萄酒斟酒量2/3杯

一般来说,大大的玻璃酒杯是用来喝水的;又小又圆、杯颈比例适当并有装饰的杯子是用来喝白葡萄酒的;中等或大个的品酒杯子是用来喝红葡萄酒的;大肚或细长的杯子是用来喝甜酒或波尔图葡萄酒的。

酒水杯具的具体用法如上表:

一般离你最近的杯子就是先要用到的,但这不是一个严格的规矩。在一些餐馆,红酒和白酒的杯子是挨着的,然后才是喝水的杯子。

几种西餐菜肴的食用礼节

西餐菜肴的食用方法与中餐相比,有更多的礼仪讲究,商界人士对此应有详细的了解。

1. 面包和黄油

★ **面包切法**

进餐时,如有专用放面包的盘子,那么就理所当然地把面包放在盘里。在食用面包时,可以用手将面包掰开,块的大小应正好能放入口中,切勿用刀去切或者用牙去咬。吃吐司(面包片)时,一般把黄油抹在面包上食用,也可加上些盐和胡椒等,这时可以用刀子把吐司切成块状来吃。注意不要用面包来蘸盘子里的汤。

★ **面包屑的处理**

如面包屑掉在桌子上,你大可以不必用手或刀叉来捡起,服务员过后会用专业的清扫器具来清理。

★ **黄油与面包的吃法**

黄油应与面包一同食用,正确的吃法是,在一小块面包上抹上少许黄油即可。但说来简单,需注意的是,不可把黄油直接放入口中。另外,一定要用黄油来抹面包,而不要用面包去蘸黄油。有时,黄油是放在一个公用的黄油盘里,配有公用小刀,每人可用刀取出少许放入自己的盘内。讲究的餐厅有时把黄油摆在桌上时,底下配有冷却的冰块以保其温度,有时也将黄油的造型做得灵巧可爱,不但实用,而且具有一定的欣赏性。

2. 沙拉

很多人认为,沙拉只是清一色的绿色生菜。其实不然,沙拉的种类繁多。可以是绿颜色的沙拉,也可以是混合青菜沙拉,也可以是配有鱼、肉和蘑菇等的海鲜沙拉和肉类沙拉。

★ 沙拉适用场合

西餐中,沙拉往往出现在这样的场合里:作为主菜的配菜,比如说蔬菜沙拉,这是常见的;作为间隔菜,比如在主菜和甜点之间;作为第一道菜,比如说鸡肉沙拉。

★ 沙拉的吃法

沙拉习惯的吃法应该是：将大片的生菜叶用刀子切成小块，如果不好切,可以刀叉并用。一次只切一块,吃完再切。

如果沙拉是一大盘,就可使用沙拉叉;如果沙拉是和主菜放在一起的,则要使用主菜叉来吃。如果沙拉是间隔菜,通常要和奶酪、炸玉米片等一起食用。先取一两片面包放在你的沙拉盘上,再取两三片玉米片。奶酪和沙拉要用叉子吃,而玉米片可以用手拿着吃。

★ 沙拉酱的用法

如果主菜沙拉配有沙拉酱,可以先把沙拉酱浇在一部分沙拉上,吃完这部分后再加酱。直到加到碗底的生菜叶部分,这样浇汁就容易了。需要注意的是,有时仅有一种沙拉酱,但有时也会准备有多种供客人自己选择,这时,在食用时,一盘沙拉一般以放一种汁为宜,不可多种混杂,否则味道不伦不类。

3. 鱼

西餐中很大一部分的鱼类餐是鱼片、鱼块或鱼条。因为这样做对于食用者来讲非常省事方便。在西方国家,很多人看到带有鱼刺的鱼时,都下意识地带有敬而远之的心理。因为从嘴里把鱼刺吐出来不是件容易的事,不少人对此都很发怵。尽管如此,西餐里还是有许多名菜是整条鱼端上饭桌的,例如汤汁鱼、香煎鱼等。

★ 鱼的吃法

鱼的吃法具体来讲有以下两个步骤:

第一步,左手拿叉,用叉按住整条鱼,右手握刀把鱼鳍取下,放入剩物盘。用鱼刀把鱼皮从头部到鱼尾取下,然后用鱼刀把头部和尾部轻轻切一下,注意不可让头部和尾部脱离整个鱼。取下上面的整片鱼肉,放在盘中。有时放在同一个盘里,有时放在另一个盘里,这要根据需要和当时情况。

第二步,把鱼刺取下,与头部和尾部一同放入剩物盘里。用刀把下面的鱼肉向旁边推开,用此方法把鱼皮和鱼肉剥离。鱼皮放入剩物盘,鱼肉放在刚才取下的那片鱼肉旁边,以待享用。有些人还取下鱼鳃旁边的一小块鱼肉,认为这是最有价值的一块鱼肉。

★ 鱼子的食用方法

鱼子在所有的菜肴里属于价格最昂贵的。有红鱼子、黑鱼子两种。黑鱼子还要贵于红鱼子。吃鱼子时,必备的餐具除鱼子勺以外,普通刀叉也应预备。

另外需要提示的是:与许多东方人不同,西方人通常情况下是不吃鱼皮的。

4. 洋蓟

在食用这道菜时,基本上都是用手来吃的。用左手握住整个洋蓟,右手一片一片取下,底部的肉处沾过汁后,直接放入口中,用嘴把肉挤出后即可食用。剩下的叶子放入废物盘中。

特别要注意的是:用嘴嗫出洋蓟肉时,尽量不要出声音。所有的叶片吃过后,要清洗一下双手,以便使用刀叉。用刀叉把底部的须子切下之后,洋蓟用刀叉食用即可。

5. 生蚝或生蛤蜊

布置在碎冰块上的生蚝或生蛤蜊,是一道昂贵的佳肴。其具体的吃法是:以左手手指抓紧剩下的那一片壳,以右手持小生蚝叉,将生蚝或蛤蜊壳整个挖取出来。如果还有任何部分仍然黏附在壳上,利用叉子将它都挖出来。然后把生蚝或蛤蜊放到盘子中央的酱碟里蘸一番。有人认为,辛辣、刺激的酱汁会破坏海产鲜美的原味,所以只在生蚝或蛤蜊上滴几滴柠檬汁。吃完生蚝或生蛤蜊肉后,你可以拿起空壳来吸吮一番,品尝余留的美叶原汁。这么做会发出嘶嘶的声响,而且动作不甚雅观,不过在这种情形下,即使是最讲究礼仪的完美主义者也不在乎举止是否雅观了。

6. 牡蛎

西餐里的这道菜一般是生吃。在餐厅食用牡蛎时,是已经打开的,直接用牡蛎叉把肉取出来食用即可。这时,必须使劲连汁一起嗑出来,当然这样一来要出些声音,但这道菜属于"特赦",准许出声。

另外,用柠檬、胡椒、辣椒汁作为调味品倒在上面,味道会更鲜美。

7. 奶酪火锅

奶酪火锅是瑞士一道很著名的民族菜肴。随着人们对饮食不断广泛的了解,越来越多的人也开始对这种火锅产生浓厚的兴趣。

★ 餐具选择

食用奶酪火锅要使用特殊的餐具,也就是奶酪火锅叉。这种专用餐具比一般餐叉要长出很多,有三个齿。较常见的是木头叉柄,也有其他金属或烧瓷等的叉柄。此外,除了奶酪火锅叉外,还要准备一个普通餐叉。

★ 奶酪火锅的食用方法

火锅叉扎住面包后在火锅里沾上奶酪,然后将面包同奶酪一同取出。由于火锅叉不可直接入口,因此要用餐叉把奶酪面包从火锅叉上取下,用餐叉将其送入口中。一方面,从火锅里取出的火锅叉滚烫,放入口中容易烫伤,另一方面,如将火锅叉放入口中,再用它放入火锅中去扎面包,很不卫生。

　　★ 特别提醒

需要引起注意的是,食用奶酪火锅的面包很有讲究。面包块一定要切成大小合适的正方块,以裹上奶酪后能刚好放入口中为宜。面包块一般用(法式)白面包棍切成。

8. 意大利面

这是一道广受人们喜爱的美食,所以,如搭配的调味汁美味可口,人人都会感到这道菜吃起来既亲切又愉快。

意大利面条一般是放在深盘子里食用的,欧洲人一般使用勺和叉,而美国人通常还要加上刀。意大利人的吃法是,只用叉,右手握叉,用叉尖卷起来吃。

另外一种普遍的吃法,是用叉子慢慢地卷起面条,每次只卷四五根。也可以用调羹和叉子一起吃,调羹可以帮助叉子控制滑溜溜的面条。不能直接用嘴吸,不然容易把汁溅得到处都是。

西餐宴请的接待程序

西餐宴请是指宴请时的菜点饮品以西式菜品和西洋酒水为主,使用西餐餐具,并按西式服务程序和礼仪服务。目前,用西餐宴请宾客在我国的涉外酒店与餐厅较为流行。

在西餐厅请客吃饭，从预约到结账，商界人士都必须依各式各样的礼仪程序来进行，否则可能会出现不必要的麻烦。具体来说，西餐宴请的接待程序主要有以下几方面：

1. 预约

不论是对提供服务的餐厅或是对邀请的客人来说，事先预约能够让宴请活动进行得更加顺畅。预约时，首先要考虑宴会规模的大小，其次根据主宾的情况，列出陪同客人的名单，发出宴会请柬。被邀者赴宴前，应根据请柬要求着便装或礼服。

2. 到达

正式宴会上，由一位男服务员站在大门迎接客人，帮助客人脱外衣。男、女主人则在大厅里迎接客人，微笑握手表示欢迎。

如果你作为主人，按规矩你应提前到达餐厅，以便迎接客人。在客人到达时，要热情迎接。打招呼时应该遵循女士优先的礼节。如有多位女士，问候应从年长的女士开始。一般伸出右手递给对方，握手要真诚实在，以表诚意。

进入餐厅时，男士应先开门，请女士进入。如果有服务员带位，也应请女士走在前面。入座、餐点端来时，都应请女士优先。

许多餐厅的进门处都设有衣帽间，并挂有"请客人看管好自己的物品，衣帽丢失概不负责"的告示牌。在这种情况下，作为客人必须看管好你自己的东西，如你不担心衣物被偷的话，可以把钱包等贵重物品从兜里掏出，然后把大衣或外衣留在衣帽间。

3. 入席

进了饭店，先不要着急找位子坐。西方人在这种场合一般都要各处周旋，待主人为自己介绍其他客人。此时，你可以从服务员送来的酒和其他饮料里面选一杯合适的，边喝边和其他人聊天。等到饭厅的门打开了，男主人和女主人会带着大家走进饭厅，女主人和男主宾应该走在最后。

西餐入席的规矩十分讲究,席位一般早已安排好。男女主人分别坐在长方形桌子的上、下方,女主人的右边是男主宾,男主人的右边是女主宾。其他客人的坐法是男女相间。男士在上桌之前要帮右边的女士拉开椅子,待女士坐稳后自己再入座。

最得体的入座方式是从左侧入座。进入餐厅后,应由服务员带领并从椅子的左方入座。不要自行就座。

4. 就餐

大家落座之后,主人拿餐巾,客人才能跟着拿餐巾。需要记住的是:不管这时出现什么情况,主人没拿餐巾之前你不能拿餐巾。

在点完餐点,第一道菜尚未被上桌之前,请先将餐巾展开,然后将餐巾对折或是折三折都行,请记住把折痕对向自己放于膝盖。最重要的是要记住,除了你起身离开桌子的那一刻外,你的餐巾始终是在腿上的,不应该放在桌上盘碟的下面。

吃饭的时候不要把全部的精力都放在胃的享受上,要多和左右的人交谈。

当看到女主人把餐巾放在桌子上站起来后,你就可以放下餐巾离开座位。这时,男士应站起来帮女士拉开椅子。

西餐中特殊情况的处理

与中餐相比,吃西餐有很多的讲究,即使熟悉西餐的人也难免会出现礼节上"意外",关键是要学会巧妙处理意外情况。在用餐的过程中,遇到了一些意外情况,如果处理得好,不仅展示了自己的修养,也会使在座的人对你"刮目相看",更加赢得别人的敬重。

1. 碰到主人做感恩怎么办

有的主人会在进餐前感恩祷告,或坐或立,来宾都应和主人一样。感恩祷告前,不要吃喝任何东西,安静地低着头。直到祷告结束,再把餐巾放在膝上,开始用餐。

2. 塞牙时怎么办

如果你的牙缝中塞了蔬菜叶子或沙粒式的东西,不要在餐桌上用牙签剔,可以喝口水试试看;如果不行,就去洗手间,这样你就可以用力地漱口,也可以用牙签。

3. 异物入口怎么办

如果异物入口时,必须注意不要引起一起吃饭的人的不快,但也不必勉强把不好的东西吃下去。最好的方法是用餐巾盖住嘴,赶紧吐到餐巾上,让服务员来换块新的餐巾。如果食物中有石子等异物时,可用拇指和食指取出来,放在盘子的一旁。万一有只虫子从你的沙拉中爬出来,也要心平气和地要求换掉,只要和主人或服务员使个眼色就可以,千万不要大吵大闹或是站起来说,让所有人都知道以至于都不敢吃了。

4. 碰到不喜欢的菜肴怎么办

上桌的菜必须吃才有礼节,否则主人、其他客人、服务生或厨师,心里都会不舒服,尤其是主菜不吃,更会令人介意。如果遇到不喜欢的菜肴最好的方法是勉强吃下。除了特殊的菜肴之外,其他一律不分好恶地全部吃下,才是礼貌的行为。可是,如果不是因为不喜欢,而是因过敏等疾病或宗教的理由不能吃,应该告知主人。

5. 吃了蒜或洋葱后怎么办

如果吃饭时吃了蒜或洋葱,不管是在家里、办公室还是聚会,都不会太受欢迎。我们介绍几种解决的方法：

★ 用漱口水，

★ 嚼口香糖，

★ 用一片柠檬擦拭口腔内部和舌头，

★ 嚼几片茶叶或是咖啡豆。

6. 在餐桌上弄洒了东西怎么办

如果在餐桌上泼洒了东西，而且洒了很多的情况下，做主人的要叫服务员来清理你弄脏的地方，万一不能清除干净，他会给你再铺上一块新的餐巾，把脏东西盖住，然后再上下一道菜。如果你的座位弄上了大量的污渍，就向主人再要一块餐巾盖在弄脏的地方，同时向主人和其他客人表示道歉。

7. 刀叉掉到地上怎么办

如果用餐的时候，刀叉不小心掉在地上，如果弯腰下去捡，不仅姿势不雅观，也会弄脏手指。不妨先轻唤服务生前来处理并你更换新的餐具。

8. 进餐时，手提包放哪儿

在欧美，女士入座后，通常会直接把手提包放在脚边的地板上。可能有很多人不习惯把手提包放在地板上，这时，你可以把手提包放在背后和椅子之间或大腿上（餐巾下）。若是邻座没有人，也可以放置在椅子上，或挂在皮包架上。一般情况下，女士不要把手提包放在桌子上。

西餐最讲究的 6 个 "M"

许多喜爱西餐的人们对西餐文化都稍有研究，一些学者认为吃西餐应该讲究 6 个 "M"，即 "Menu(菜单)"、"Music(音乐)"、"Mood(气氛)"、"Meeting(会面)"、"Manner(礼俗)"、"Meal(食品)"。那么,6 个 M 的真正意义是什么呢？

1. Menu(菜单)

当您走进西餐馆,服务员先领您入座,待您坐稳,首先送上来的便是菜单。菜单被视为餐馆的门面,老板也一向重视,用最好的面料做菜单的封面,有的甚至用软羊皮打上各种美丽的花纹。在这里用"菜单"称之似有不妥,应称之为"菜谱"。

如何点好菜,也有绝招,聪明的办法是,打开菜谱,看哪道菜是以饭店名称命名的,便可取之,因为哪位厨师也不会拿自己店名开玩笑的,所以他们下功夫做出的菜,肯定会好吃的,请大家一定要点。

有的人吃西餐不看菜单,这有点让人难以理解。在国外,就是总统吃西餐也得看菜单点菜的。这里不涉及有钱没钱的问题,因为看菜单、点菜已成了吃西餐的一个必不可少的程序,是一种生活方式。

2. Music(音乐)

豪华高级的西餐厅,要有乐队,演奏一些柔和的乐曲,一般的小西餐厅也播放一些美妙的乐曲。但这里最讲究的是乐声的"可闻度",即声音要达到"似听到又听不到的程度",就是说,要集中精力才能听到,如果和人聊天的话就听不到了。

3. Mood（气氛）

西餐讲究环境雅致，气氛和谐。一定要有音乐相伴，有洁白的桌布，有鲜花摆放，所有餐具一定洁净。如遇晚餐，要灯光暗淡，桌上要有红色蜡烛，营造一种浪漫、迷人、淡雅的气氛。

4. Meeting（会面）

也就是说和谁一起吃西餐，这要有选择的，一定要是亲朋好友，趣味相投的人。吃西餐主要为联络感情，很少在西餐桌上谈生意。所以西餐厅内，少有面红耳赤的场面出现。

5. Manner（礼俗）

也称之为"吃相"和"吃态"，总之要遵循西方习俗，勿有唐突之举，特别在手拿刀叉时，若手舞足蹈，就会"失态"。使用刀叉，应是右手持刀，左手拿叉，将食物切成小块，然后用刀叉送入口内。一般来讲，欧洲人使用刀叉时不换手，一直用左手持叉将食物送入口内。美国人则是切好后，把刀放下，右手持叉将食物送入口中。但无论何时，刀是绝不能送物入口的。西餐宴会，主人都会安排男女相邻而坐，讲究"女士优先"的西方绅士，都会表现出对女士的殷勤。

6. Meal（食品）

一位美国美食家曾这样说："日本人用眼睛吃饭，料理的形式很美；而吃我们的西餐，是用鼻子的，所以我们鼻子很大；只有你们伟大的中国人才懂得用舌头吃饭。"我们中餐以"味"为核心，西餐是以营养为核心，至于味道那是无法同中餐相提并论的。

吃西餐的 20 个细节

1. 预约的窍门

越高档的饭店越需要事先预约。预约时,不仅要说清人数和时间,也要表明是否要吸烟区或视野良好的座位。如果是生日或其他特别的日子,可以告知宴会的目的和预算。在预定时间内到达,是基本的礼貌。

2. 穿着得体

吃饭时穿着得体是欧美人的常识。去高档的餐厅,男士要穿着整洁的上衣和皮鞋;女士要穿套装和有跟的鞋子。如果指定穿正式服装的话,男士必须打领带。再昂贵的休闲服,也不能随意穿着上餐厅。

3. 左侧入座

最得体的入座方式是从左侧入座。当椅子被拉开后,身体在几乎要碰到桌子的距离站直,领位者会把椅子推进来,腿弯碰到后面的椅子时,就可以坐下来。就座时,身体要端正,手肘不要放在桌面上,不可跷足,与餐桌的距离以便于使用餐具为佳。餐台上已摆好的餐具不要随意摆弄。将餐巾对折轻轻放在膝上。

4. 女士优先

进入餐厅时,男士应先开门,请女士进入。如果有服务员带位,也应请女士走在前面。入座、餐点端来时,都应让女士优先。

5. 点菜技巧

正式的全套餐点上菜顺序是:菜和汤、鱼肝油、水果、肉类、乳酪、甜点和咖啡、水果，还有餐前酒和餐酒。没有必要全部都点，点太多却吃不完反而失礼。前菜、主菜(鱼或肉择其一)加甜点是最恰当的组合。点菜并不是由前菜开始点，而是先选一样最想吃的主菜，再配上适合主菜的汤。

6. 坐姿端正

用餐时，上臂和背部要靠到椅背，腹部和桌子保持约一个拳头的距离，两脚交叉的坐姿最好避免。

7. 就餐时衣装整齐

进餐过程中，不要解开纽扣或当众脱衣。如主人请客人宽衣，男客人可将外衣脱下搭在椅背上，不要将外衣或随身携带的物品放在餐台上。

8. 礼貌交谈

进餐时应与左右客人交谈，但应避免高声谈笑。不要只同几个熟人交谈左右客人如不认识，可选自我介绍。别人讲话不可搭嘴插话。

9. 咀嚼时不说话

每次送入口中的食物不宜过多，在咀嚼时不要说话，更不可主动与人谈话。

10. 点酒时不要硬装内行

在高级餐厅里，会有精于品酒的调酒师拿酒单来。对酒不大了解的人，最好告诉他自己挑选的菜色、预算、喜爱的酒类口味，请调酒师帮忙挑选。

11. 酒与菜肴的搭配

主菜若是肉类应搭配红酒，鱼类则搭配白酒。上菜之前，不妨来杯香槟、雪利酒或吉尔酒等较淡的酒。

12. 餐巾在用餐前就可以打开

点完菜后，在前菜送来前的这段时间把餐巾打开，往内摺 1/3，让 2/3 平铺在腿上，盖住膝盖以上的双腿部分。最好不要把餐巾塞入领口。

13. 喝汤不能吸着喝

先用汤匙由后往前将汤舀起，汤匙的底部放在下唇的位置将汤送入口中。汤匙与嘴部呈 45°角较好。身体上的半部略微前倾。碗中的汤剩下不多时，可用手指将碗略微抬高。

14. 吃水果的讲究

吃水果时，不要拿着水果整个去咬，应先用水果刀切成瓣后再用刀去掉皮、核、用叉子叉着吃。

15. 咖啡的喝法

喝咖啡时如愿意添加牛奶或糖，添加后要用小勺搅拌均匀，将小勺放在咖啡的垫碟上。喝时应右手拿杯把，左手端垫碟，直接用嘴喝，不要用小勺一勺一勺地舀着喝。

16. 鸡肉的吃法

吃鸡时，欧美人多以鸡胸脯肉为贵。吃鸡腿时应先用力将骨去掉，不要用手拿着吃。

17. 鱼的吃法

吃鱼时不要将鱼翻身，要吃完上层后用刀叉将鱼骨剔掉后再吃下层吃肉时，要切一块吃一块，块不能切得过大，或一次将肉都切成块。

18. 去除鱼骨的方法

处理鱼骨头时，首先用刀在鱼鳃附近刺一条直线，刀尖不要刺透，刺入一半即可。将鱼的上半身挑开后，从头开始，将刀放在骨头下方，往鱼尾方向划开，把骨剔掉并挪到盘子的一角。最后再把鱼尾切掉。

19. 喝酒的方法

喝酒时绝对不能吸着喝，而是倾斜酒杯，像是将酒放在舌头上似的喝。轻轻摇动酒杯让酒与空气接触以增加酒味的醇香，但不要猛烈摇晃杯子。此外，一饮而尽，边喝边透过酒杯看人，都是失礼的行为。不要用手指擦杯沿上的口红印,用面巾纸擦较好。

20. 杯子的拿法

拿杯子时,手肘不要靠在桌面上,而要悬空拿起。使用高脚杯饮香槟时,不要用手紧紧地握住杯身,应优雅地以手指拿着下半部的杯脚。

第七章　商务篇
——职场礼仪之商宴

他的谈吐总是平易近人的，这种单纯既掩饰了他对某些事物的无知，也表现了他的良好风度和宽容。

——列夫·托尔斯泰

曾经，中国式的"职场餐"是这个样子：讲排场，劝酒，饭桌上签合同。现在，人们终于有了真正的"职场餐"概念，简单、快捷而又体面的职场餐流行开来。

作为商界人士，一些职场性的工作餐是避免不了的。然而，怎样礼仪正确地吃顿工作餐，却并不是为很多人所知晓。一些大公司、大客户，甚至通过职场工作餐，很容易地对某人的教育程度和社会地位迅速作出判断。一般而言，职场餐主要包括职场自助餐、职场工作餐、职场冷饮会、鸡尾酒会等，它们在礼仪方面各有什么要求呢?商界人士应该怎么做呢?

职场自助餐的种类

自助餐之所以称为自助餐，主要是因为可以在用餐时调动用餐者的主观能动性，而由其自己动手，自己帮助自己，自己在既定的范围之内安排选用菜肴。自助餐依据其分类标准的不一，可以分成若干种类，其中有些种类是交叉和相似的。

1. 按菜点风味划分

按菜点风味划分，自助餐可分为中式自助餐、西式自助餐、中西合璧式自助餐以及意大利风味自助餐、美国风味自助餐、潮粤风味自助餐、淮扬风味自助餐、乡土风味自助餐等。

★ 中式自助餐

中式自助餐是指将相当数量、类别齐全的中餐菜点供客人选用的自助餐。中餐菜系丰富、品种繁多，可以分为岭南风味、江浙风味、宫廷风味、乡土风味等不同菜系、不同层次、不同地方特色的自助餐。

★ 西式自助餐

西式自助餐是指以西餐菜肴、面点、甜品等为主要食用对象的自助餐。这类自助餐的价格较昂贵，因为它往往使用进口原料，并且常聘请西餐大厨烹制。西式自助餐给人以正宗、新奇、色美、餐台漂亮的印象，虽然有些菜肴中国消费者不太能接受，但也大多愿意取些尝尝。比如西式自助餐里的面包、蛋糕、小饼、甜品等很受消费者的欢迎。

★ 中西合璧自助餐

它是由中餐、西餐菜肴、面点等食品结合组成。这种自助餐,菜式丰富,客人选择范围广。它既避免了使用一种风味菜点给自助餐带来单调的局面,又使中西各地消费者都可以取食到自己喜爱的品种。

2. 按开餐的时间划分

按开餐的时间划分,自助餐可分为早餐自助餐、午餐自助餐、晚餐自助餐和宵夜自助餐。

★ 早餐自助餐

早餐自助餐,多在早上六七点钟开始,至上午九十点钟结束。这是目前国内各宾馆、酒店普遍使用的一种早餐经营服务方式。早餐自助餐供应的经营品种,多以饮料、粥类、蛋类、点心、小菜、少量热菜为主,可纯中餐或西餐菜品,亦可中西合璧。

★ 午、晚餐自助餐

午餐和晚餐自助餐,消费标准接近,菜点品种丰富齐全。晚餐的进程一般慢于午餐。

★ 宵夜自助餐

多以小吃、点心、粥类、小菜等为主要品种,售价相对便宜,经营时间长。宵夜自助餐有些类似早餐自助餐,但菜点添加节奏伴随客人用餐速度,都比早餐要慢。

3. 按自助餐设座划分

以餐厅是否设座为依据,自助餐可分为设座式自助餐和站立式自助餐。

★ 设座式自助餐

设座式自助餐,客人抵达餐厅,一般由餐厅引座员征求客人意见,将其引领到合适的位置,然后按照服务员指示的餐台位置,自行去餐台取食物。客人用餐由于有座位,可边休息、边用餐,故从容休闲,就餐速度不会很快,用餐全程比较舒适。就餐客人有自己合适的餐桌和餐座,大部分时间都在自己的座位上享用食品,除非是离桌去餐台取拿各种食物。

★ 站立式自助餐

用餐客人来到自助餐厅,自由取食,自由走动,没有座位。这种方式的自助餐除了陈列菜点食品的餐台外,还可设若干餐桌,以方便客人临时放餐盘或杯具。客人整个用餐过程都是站立的、走动的,交流起来比较方便。

4. 按自助餐的主题划分

自助餐按是否有主题,可分为主题自助餐和常规自助餐。主题自助餐是指为某一专项活动、针对某一特定日期、对象专门组织举办的自助餐,比如圣诞节大型自助餐、公司庆典自助餐等。常规自助餐是指平日正常经营的自助餐。

★ 圣诞节自助餐

圣诞节自助餐的特点是,自助餐场面宏大、食品丰富并主题突出、餐间活动丰富。圣诞主题自助餐,除了制作出一定数量的西餐菜点以满足西方客人欢度一年当中最隆重节日外,其中一些具有传统性、典型性的圣诞菜点通常是必不可少的,比如圣诞烤火鸡、圣诞布丁等。

★ 公司庆典自助餐

公司为开张、周年或其他庆祝活动而举办的自助餐。这类自助餐的环境、气氛布置尤为重要。比如餐厅、餐台针对性、象征性艺术品陈列,公司徽标的庄重使用,祝贺横幅的醒目悬挂等,都要突出主题。

安排职场自助餐的礼节

商界的自助餐多见于各种正式活动之后,作为招待来宾的项目之一,而不宜以此作为一种正规的职场活动的形式。目前,在一些大公司里,自助餐常被作为日常待客的工作餐或内部员工的就餐方式。

安排自助餐礼仪指的是自助餐的主办者在筹办自助餐时的规范性做法。具体而言,安排自助餐恰当的礼仪有:

1. 备餐的时间

在职场交往中,自助餐大都被安排在各种正式的职场活动之后,故其举行的具体时间受到正式的职场活动的限制。但它不会像正式宴会一样,对用餐的具体时间做出正式的通知。如果举办自助餐的一方想通过自助餐来对宾客进行招待,最好事先以适当的方式通知。

按照惯例,自助餐并无正式的起止时间,在整个用餐期间,用餐者可以随到随吃,不必非要在主人宣布用餐开始之前到场恭候。一般情况下,每次用餐的时间不宜超过一个小时。

需要注意的是,在准备自助餐时要注意一视同仁,不要安排一部分客人享用自助餐,另一部分参加正式的宴会。

2. 就餐地点

选择自助餐的就餐地点,重要的是既能容纳下到场就餐之人,又能为其提供足够的交际空间。一般而言,本公司内部餐厅、单位的内部花园、宾馆的内设餐厅或是营业性自助餐餐厅,都是很好的选择。在选择自助餐的就餐地

点时,要注意以下几点:

★ 要为用餐者提供一定的活动空间。除了摆放菜肴的区域之外,在自助餐的就餐地点还应划出一块明显的用餐区域,这一区域要宽敞,以方便用餐者自由活动。

★ 在就餐地点应当预先摆放好一定数量的桌椅,供就餐者自由使用。虽然真正的自助餐提倡就餐者自由走动,立而不坐。但事实上,就餐者中不乏有年老体弱者,他们应该予以特别照顾。

★ 要注意使就餐者感觉到就餐地点环境宜人。在选定就餐地点时,不要只注意面积、费用问题,还须兼顾安全、卫生、温度、湿度、通风状况等问题。在室外就餐时,提供适量的遮阳伞往往也是必要的。

3. 食物的准备

自助餐中食物的准备原则是:安全卫生,体现特色,中西兼顾,品种多样,考虑时令,分类摆放,保证供应,对热菜、热饮要注意保温。具体来说,应注意以下几点:

★ 为了便于就餐,自助餐上以提供冷食为主,能满足就餐者的不同口味,食物品种丰富多彩。

★ 为方便就餐者进行选择,同一类型的食物应被集中在一处摆放。

★ 在不同的时间或招待不同的客人时,依据实际情况,食物可以有所侧重。比如有时以冷菜为主,有时以甜品为主,有时以酒水为主。

★ 应酌情安排一些时令菜肴或特色菜肴。

4. 客人的招待

招待好客人,是自助餐主办者的责任和义务。要做到这一点,必须特别注意下列招待好客人的礼仪:

★ 要照顾好主宾。不论在任何情况下,主宾都是主人照顾的重点。主人在自助餐上对主宾所提供的照顾,主要表现在陪同其就餐,与其进行适当的交谈，为其引见其他客人等。只是要注意给主宾留下一点供其自由活动的时间，不是始终伴随其左右。

★ 要充当引见者。自助餐要求其参加者主动进行适度的交际。在自助餐进行期间，主人一定要尽可能地为彼此互不相识的客人多创造一些相识的机会，并且积极为其牵线搭桥，充当引见者。

★ 要安排服务者。小型的自助餐，主人往往可以一身二任，同时充当服务者。但是，在大规模的自助餐上，显然是不能缺少专人服务的。在自助餐上，直接与就餐者进行正面接触的，主要是侍者。根据常规，自助餐上的侍者须由健康而敏捷的男性担任。他的主要职责是：为了不使来宾因频频取食而妨碍同他人所进行的交谈，而主动向其提供一些辅助性的服务。

享用自助餐的礼仪

所谓享用自助餐的礼仪，主要是指以就餐者的身份参加自助餐时，所需要具体遵循的礼仪规范。一般来讲，在自助餐礼仪之中，享用自助餐的礼仪对绝大多数人而言，往往显得更为重要。

1. 享用自助餐恰当的礼仪

★ 要排队取菜

在享用自助餐时，就餐者需要自己照顾自己，但这并不意味着他可以因此而不择手段。实际上，在就餐取菜时，由于用餐者往往成群结队而来，大家都必须自觉地维持公共秩序。一般而言，应排队取菜，排队时应与前后之人保持一定间隔，最好与其他人同向行进。行进的标准方向应为顺时针方向，切忌逆行。轮到自己取菜时,应用公用的餐具将食物装入自己的食盘之内,然后应迅速离去。

★ 要循序取菜

在自助餐上,如果想要吃饱吃好,那么在具体取用菜肴时,就一定要首先了解合理的取菜顺序,然后循序渐进。按照常识,参加一般的自助餐时,取菜时的先后顺序应当是:冷菜、汤、热菜、点心、甜品和水果。因此在取菜前,最好先在全场转上一圈,了解一下情况,然后再去取菜。

★ 要量力而行

不限数量,保证供应,是自助餐的一大特点。职场人员在参加自助餐时,遇上了自己喜欢吃的东西,尽管去取就可以了。但是,在根据本人的口味选取食物时,必须量力而行。切勿为了吃得过瘾,而将食物狂取一通,结果导致食物浪费。

★ 要多次取菜

在自助餐上遵守"少取"原则的同时,还必须遵守"多次"的原则。

用餐者在自助餐上选择某一种类的菜肴,允许其再三再四地反复去取。每次应当只取用一小点,待品尝之后,觉得它适合自己的话,还可以再次去取,直至自己感到吃好了为止。"多次"的原则,与"少取"的原则其实是同一个问题的两个不同侧面,"多次"是为了量力而行,"少取"也是为了避免造成浪费。

★ 要避免外带

所有的自助餐,都有一条不成文的规定,即自助餐只许可就餐者在用餐现场里自行享用,而绝对不许可在用餐完毕之后携带回家。商界人士在参加自助餐时,一定要注意这一点,以免见笑于人。

★ 要送回餐具

在自助餐上要求就餐者取用菜肴时以自助为主,还要求其善始善终,在用餐结束之后,自觉地将餐具送至指定之处。

★ 要照顾他人

商界人士在参加自助餐时，除了对自己用餐时的举止表现要严加约束之外，还须和他人和睦相处。在用餐时对于自己的同伴，要加以关心。若对方不熟悉自助餐，不妨向其扼要地进行介绍。在对方乐意的前提下，还可以向其具体提出一些有关选取菜肴的建议。

★ 要积极交际

一般来说，参加自助餐时，职场人员必须明确，吃东西往往属于次要之事，而与其他人进行适当的交际活动才是自己最重要的任务。首先应找机会与主人攀谈一番，或与老朋友好好叙一叙。其次应当争取多结识几位新朋友。对于陌生的交际圈，可以请求主人或圈内之人引见或毛遂自荐，自己介绍自己加入。

2. 注意事项

★ 自助餐上讲究先来后到，排队选用食物。不允许乱挤、乱抢、乱加塞，更不允许不排队。

★ 切勿在众多的食物面前犹豫再三，让身后人久等，更不应该在取菜时挑挑拣拣，甚至直接下手或以自己的餐具取菜。

★ 在享用自助餐时，取菜时乱装一气，多种菜肴盛在一起，导致其相互串味。则难免会暴殄天物。多吃是允许的，而浪费食物则绝对不允许。

★ 在用餐时，不论吃多少东西都不碍事，但是千万不要偷偷地往自己的口袋、皮包里装，更不要要求服务员替自己打包。

★ 在用餐时不可以自作主张地为对方直接代取食物，更不允许将自己不喜欢或吃不了的食物"处理"给对方吃。

★ 在参加由商界单位所主办的自助餐时，不应以不善交际为由，只顾自己躲在僻静之处一心一意地埋头大吃，或者来了就吃，吃了就走，而不同其他在场者进行任何形式的正面接触。

职场工作餐的特点

工作餐是商界最常用的进行业务联系的活动形式之一。它不是朋友之间的一般聚餐，也不是业务单位之间正式的宴请，而是有业务或工作关系的人们的业务性往来。

按用餐时间不同，工作餐可分为工作早餐、工作午餐、工作晚餐。早餐是一种花费时间较短的宴请方式，通常在早上 7 点到 9 点举行，一般不会影响上班、工作时间及情绪。午餐通常在中午 12 点到下午 2 点举行。如果要和客户进行一整天的会谈，可以请客户到办公室共进午餐。工作晚餐在国内约在下午 6 点以后举行，晚餐中，可能会有更多的银餐具、更多的菜式、更多精心烹制的食品或酒水。

职场人员的工作餐与大中型职场企业接待工作中的陪餐和正规的宴会虽有一些相同的地方，但它也有自己特点。

1. 规模较小

一般来说，工作餐大都不是多边性聚会，而是以双边性聚会为主。它既可以是两个人之间的单独约会，也可以是有关双方各派几名代表参加。因此，与声势浩大的宴会或会餐相比，工作餐的参加人数往往较少。通常参加工作餐的总人数，以不超过 10 人为好。与事无关者、配偶、子女等，均不宜到场。

2. 目的性强

顾名思义，工作餐的目的是工作第一，吃饭第二。实际上，工作餐是一场非正式的职场会谈,是把餐桌当做会议或谈判桌。

3. 随意性强

相对于正式宴会来说,工作餐有一定的随意性,只要各方同意参加,可以随时随地举行。可以提前约定,也可以临时决定;时间不必太早商定,地点可以临时选择;不必发正式的请柬,客人也不必作出正式的答复。总之,只要双方无异议,工作餐即可举行。

4. 提议者做东

按照惯例,无论工作餐在何处举行,哪一方首先提议举行工作餐,即应由哪一方出面做东,并负责工作餐的准备性工作。

5. 多在午间举行

为了合理地利用时间,不影响参加者的工作,工作餐通常都被安排在工作日的午间,利用工作之间的间歇举行。这是与正式宴会的不同之处。为了参加者在时间上的方便,正式宴会大都选定在晚上举行,并且往往喜欢选择节假日或是周末。

6. 氛围融洽

同正式的宴会相比,工作餐所强调的不是形式与档次, 是意在以餐会友,重在创造出一种有利于人们进一步进行接触的轻松、愉快、和睦、融洽、友好的氛围。

安排工作餐的礼仪

安排工作餐，此处主要指在工作餐进行之前的有关准备事项。成功的工作餐并不简单，它和准备一次会议、一项促销活动的开幕式一样，需要做充分的准备。安排工作餐，要做好以下几方面的准备：

1. 就餐地点

举行工作餐的地点应由主人选定，客人们则应当客随主便。具体而言，举行工作餐的地点可有多种多样的选择，饭庄、酒楼的雅座，宾馆、俱乐部、康乐中心附设的餐厅，高档的咖啡厅、快餐店等，都可以考虑。

2. 就餐时间

举行工作餐的具体时间，原则上应由工作餐的参与者共同协商决定。通常认为中午的 12 点钟或 1 点钟左右是举行工作餐的最佳时间。每次工作餐的进行时间以 1 个小时左右为宜。

3. 就餐环境

就餐环境，要高雅、安静，要有助于各位就餐者更好地发表自己的意见。这样他们的心情就会舒畅，有谈话的兴趣，交谈就能顺利进行，预期目的也较容易达到。尤其是与文化素质较高、有一定身份的人共同进餐时更要注意这一点，否则对方会认为对自己不尊重。

4. 邀请客人

正式决定承办工作餐之后，依照常规应由主人负责将相关的时间、地点、人员、议题等，通报给其他人员。对于重要的人士，必须由主人亲自相告。

安排午餐时，比较礼貌而又得体的做法是先打个电话，请对方确定时间。可提前一二个星期打电话，并提出几个时间供对方选择。日期确定后，记住在午餐当天上午再打电话给对方，这是你的职责。为了方便客人，必要的话，还可以把平常 11:30 的午餐时间推迟一个小时。

发出邀请时，还应该让被邀请者知道是否同时邀请了别人，会不会讨论特殊的话题，或者需不需要带什么东西等。

5. 订座位

在一些著名的餐馆举行工作餐，通常需要提前预订座位。此事依例应由主人负责。餐厅订座有 5 种方法：派遣专人前去订座；拨打指定的电话号码进行订座；利用传真进行订座；利用电子计算机网络进行订座；使用餐馆所发放的特惠卡或 VIP 卡进行订座。这 5 种方法之中具体采用哪一种为好，关键是要看哪种有效。哪一种方法能够确保自己预订到理想的座位，就应当优先对其加以采用。

6. 注意事项

★ 选择工作会餐地点时，都应充分注意客人的爱好，最好事先征求客人的意见，要考虑到客人能吃到他喜爱的食品。

★ 餐馆一般由主人选定，但也应该考虑客人的意见，所以还是多提供几个方案让客人自己选择为好。要注意客人有没有饮食禁忌或特别的喜好和要求。

★ 当通知客人在饭店见面的地点时，要保证客人能顺利找到。不仅要告诉客人饭店的名称，还应说明饭店的具体位置。如果餐馆有几个入口，应和客人说清楚你在哪个入口等他。若是与客人初次见面，应该事先描述你的衣服颜色、身高或头发的颜色等。

★ 为了避免尴尬，在向客人发出邀请时就应该说清楚工作餐的目的和由自己付账的打算。

★ 一定要通过恰当的措辞或语气向别人表示清楚，你绝对是站在业务立场上发出邀请的，用语应该职业化而且得体。

★ 作为客人，不宜滥用邀请，不要不打招呼、自作主张地带了一位朋友来。

★ 订座之前要知道就餐的人数，如果不能确定，宁可多准备一些，撤掉多余的座位总胜过临时加座。

出席工作餐的礼仪

工作餐的礼仪是指以就餐者的身份参加工作餐时，所需要具体遵循的礼仪规范。

1. 出席工作餐的恰当礼仪

★ 按时出席

接到邀请后，如无特殊情况，一般应按时到约定地点参加工作会餐，为避免因交通堵塞而迟到，要提前动身。还应为工作会餐留出充分的时间，以便会谈顺利进行。如果有事确实不能参加，应提前告诉主人，以便其另做打算。到达会餐地点后，如果确有重要事宜必须先去处理，应在见面时提前向主人打好招呼，以便主人做到心中有数。

★ 选择合适的话题

在工作会餐中，虽然并非所有的话都要涉及工作上的事，但是绝不应像同私人朋友在一起那样，可以随心所欲、天南地北地聊天。即使会谈气氛十分友好，也要注意话题是否恰当。

★ 准备会谈内容

任何宴请都有一定的目的性。在工作会餐进行中,谈工作事宜是不可避免的。要想顺利达到预期的目的,参加工作会餐前要将可能涉及的问题一一准备充分,有些记不准的政策或数据要查一下文件或资料,以便在会谈中涉及到有关问题时能应付自如。这样既表现出你的业务的娴熟,又能在对方心目中树立起良好的形象。

★ 创造轻松氛围

在工作会餐中,如果出现问题,应尽可能妥当地解决,不要使任何人感到难堪。要避免烦躁或其他紧张情绪,不要训斥服务员,避免大发脾气及其他过激行为。

★ 关心客人

一般来说,工作用餐并不考虑时间的长短,但是应当了解和理解客人对时间的要求。应在会餐开始前了解清楚客人是否需要赶车或需要提前离开处理其他公务,作为主人,应当表现出对客人的处境十分关心的态度,这样客人才能安心地用餐和会谈。

2. 工作餐进行的礼仪

在参加工作餐时,宾主双方都有一些需要通晓的注意事项,主要包括如下几条:

★ 就餐的座次

鉴于工作餐是一种非正式的职场活动,所以人们对其座次通常都是不讲究的。职场礼仪规定,举行工作餐时,做东者必须先于客人抵达用餐地点,以迎候客人们的到来。出于礼貌,主人不应率先就座,而是应当落座于主宾之后。若是主人为主宾让座的话,一般应当请对方就座于下列之一较佳的座次:主人的右侧或正对面,面对正门之处,视野开阔之处,以及能够观赏优美的景致的位置。

★ 菜肴的选择

与宴会、会餐相比,工作餐仅求吃饱,而不刻意要求吃好。因此,工作餐上的菜肴大可不必过于丰盛。它的安排,应以简单为好。

★ 席间的交谈

举行工作餐时,讲究的是办事与吃饭两不耽误。所以,在为时不多的进餐期间,宾主双方所拟议进行的有关实质性问题的交谈,通常开始得宜早不宜晚。不要一直等到大家都吃饱喝足了,方才正式开始交谈。那样一来,时间往往不太够用。

★ 用餐的终止

进行工作餐,必须注意适可而止。依照常规,拟议的问题一旦谈妥,工作餐即可告终。

在一般情况下,宾主双方均可首先提议终止用餐。主人将餐巾放回餐桌上,或是吩咐侍者来为自己结账;客人长时间地默默无语,或是反复地看表,都是在向对方发出"用餐可以到此结束"的信号。在此问题上,主人往往需要负起更大的责任。尤其是在客人需要"赶点"去忙别的事情,或者宾主双方接下来还有其他事要办时,主人更应当掌握好时间,使工作餐适时地宣告结束。

3. 注意事项

★ 工作餐是主客双方的"职场洽谈餐",所以不适合有局外人加入。一般在遇到熟人的情况下,要打招呼,或是将其与同桌的人互作一下简略的介绍,略事寒暄。不要将熟人强拉硬扯到自己桌上用餐,或与熟人聊起来没完没了。

★ 会餐中的谈话主题不要太随便,一定要考虑其他人的情况。比如不可当着独居的人大谈婚姻方面的事。如果你知道客人所在单位效益较好,不要问他奖金多少,因为这可能牵扯到单位不愿公开的内容。

★ 如果上菜有误，应立即向服务员指出以便及时更正。如果食物不理想，但只要基本上能吃，就应尽量吃下去，最好不要过多退菜，这会使客人觉得不自在，而且妨碍午餐进程。

★ 吃饭并不是工作餐的唯一目的。在就餐的过程中，不要大惊小怪，以免弄得宾主都不开心。食物上来后，客人挑剔食物或服务，这对主人是一种侮辱。

职场冷餐会的礼仪

随着我国改革开放的深化及中外餐饮的交流，冷餐会作为集古今中外餐饮特色的宴请方式，获得日益广泛的运用和迅速的发展，成为中华餐饮百花园中的又一奇葩。

冷餐会，又称冷餐酒会或冷酒会，是一种客人既可以自由取食又可以在轻松愉快的气氛中与较多友人交谈的立式便宴形式。与一般正式的宴会相比，冷餐会有着自己的特点，这些特点也就规定了与餐者要遵循一些相应的礼仪原则。

1. 冷餐会的特点

★ 冷菜为主

在菜肴的组成上，冷餐酒会的特点是以冷菜为主，热菜为辅，菜点的品种丰富多彩，一般都在 20 种以上。冷菜大都放在大型的冷菜盘中，热菜则应有保温措施。

★ 形式随意

冷餐会要准备餐桌,餐桌上同时摆放着各种餐具,菜肴、饮料集中放在大餐桌上。宾、主根据个人需要,自己取餐具后选取食物。冷餐会上供应的酒水一般单独集中一处,宾、主既可自己上前选用,也可由服务生托盘送上。

★ 不讲座次

冷餐会举行的地点,可以是大型餐厅或者露天花园。冷餐会场地布置灵活多样,一般都不排席位,不设主宾席,亦没有设固定座位,宾客自由入座。在冷餐会举行的过程中,客人可以坐、立两便,可以到处走动,边走边吃,寻找老朋友,结交新朋友,这种令人轻松、自在的就餐方式和聚会,更有助于人际交流。

★ 讲究主题

冷餐会不同于一般的宴清,是讲主题、讲品格的宴请方式。不同的冷餐会应有不同的明晰的主题,比如重大的节日宴请、有影响的活动宴请,都有不同的主题。

★ 注重环境

冷餐会的菜点在客人进入餐厅前已经摆放在餐桌上,烘托主题的装饰食品和绚丽多彩、富于变化的菜点不仅诱人食欲,还给人以一种艺术的享受。

有的冷餐会上,在主桌中间或宴会厅四周提前精心设计和安排一定的装饰品,如冰雕、黄油雕、食品雕刻和鲜花篮等,尽量使其反映出冷餐会的豪华场面。优美的音乐和训练有素的乐队,是大型冷餐会档次高的重要表现。乐能助酒,乐能助兴,好的音乐和乐队,能使参会宾客敞开心扉,相互交流。

★ 餐桌多样

一般在宴会厅中间部分设置长条形主桌,桌次和桌形的摆设可根据客人多少而定,有"T"形、"U"形、"E"形、"一"字形、"口"字形等多种形式。所有的菜肴应在客人人场之前全都准备好放在主桌上。主桌上除了菜肴外,还应该准备足够数量的供客人取食用的刀、叉和餐盘。

★ 边吃边谈

冷餐会一般以自助餐的形式出现,最大的特点是宾主边吃边谈,按照个人所好选用菜点,在无拘无束的气氛下进行沟通。

2. 参加冷餐会的礼仪

★ 着装不可太随意

在任何一个公共场合,都是展示个人良好教养、审美品位的机会。虽然冷餐会没有正式宴会那样郑重,但这并不表示出席者就可以不拘小节,随便着装。一般情况下,冷餐会穿正式服饰为宜,绝不可以穿得太随意。比如类似短裤、运动鞋或赤脚穿凉鞋等都不适宜穿。女性也不应穿超短裙、吊带背心等休闲装出席冷餐会。如果出席在室外举行的冷餐会,即使阳光耀眼,也不应该佩戴太阳镜。

★ 使用公用餐具

在冷餐会上自取食物时,一定要记住用每道菜品准备的公用筷子、勺子或叉子盛食物,切不可用自己的餐具在公共食物里盛取食物,更不要用手直接取。

★ 按序取菜

取食要按照顺序,不要抢先。正确的取食物顺序是冷盘、沙拉、汤、热菜、主食点心、水果、冰淇淋,每次选上一两样适合自己口味的,吃完了再去尝试其他的东西。取食物的人很多时,要自觉排队,不抢不插队。如果不愿意排队等候,可以先去取饮品。

★ 多次少取

"多次少取"是冷餐会的基本要求。所以,在冷餐会上取食物,务必记住要"一次少取,多次取食"的原则。每一次少取一些,宁可不够吃再去添几次,也不要一次就盛得满满一盘子。因为盘子里的食物堆得过多，在走动过程中，食物就会从盘子中掉下来，这样，既不雅观，也可能会造成浪费。

★ 饮用干净

凡是取入自己杯、盘中的食物，一定要饮用干净。遇到有骨、刺等异物时，可以放在盘子边上，也可以到服务台上再取一只干净的盘子使用。

职场鸡尾酒会的礼仪

鸡尾酒会是一种较为活泼、有利于宾客之间广泛接触交流的宴请形式。商界人士在参加酒会时的待人接物就应当多加注意，不仅要使自己做到独善其身，而且还要利用有利的时机互通有无。

鸡尾酒会具有轻松活泼、品位高雅、来去自由等特点，但这不是说参加酒会就可以我行我素。针对鸡尾酒会的具体特点，在出席酒会时应遵循一定的礼仪原则。

1. 鸡尾酒会的特点

★ 鸡尾酒会通常气氛轻松活泼、热烈奔放，因此，举办鸡尾酒会的地点、场景布置，大多新颖别致、舒心宜人。

★ 参加鸡尾酒会的客人多以饮用配制的各种鸡尾酒为主，一般不用烈性酒。食品主要是三明治、点心、面包等各种小吃，客人用牙签取食。

★ 鸡尾酒会举办的时间一般在下午的 3~5 时，客人可以在此期间到达和退席，来去自由，不受拘束。

★ 鸡尾酒会一般不摆台不设座，客人大都是站着，可随意走动，可边谈边吃。

2. 鸡尾酒会的礼仪

★ 热情接待

比较正式的酒会,大都会提前两周左右向参加者发出邀请。最正规的做法,是发出由女主人署名的请柬。

在举行酒会的地点,多有专人负责迎送来宾。一般情况下,迎送客人、照看酒水的供应是男主人的责任;女主人要做的,则是与来宾们应酬寒暄。

在酒会上,女主人应与所有客人都交谈几句。如果把大多数客人晾在一边,只和少数熟悉的客人交谈是不礼貌的。

★ 着装得体

酒会讲究的是轻松自然,它对参加者的着装,没有明确的限定。一般认为,出席者只要穿得干净、整齐、端庄、大方就可以了。当商界人士参加酒会时,在穿着方面应当切勿过于随意,不可有伤风化,这是对主人的最起码的尊重。

★ 掌握餐序

鸡尾酒会上提供的餐食品种不一定多,但取用时一定要依照合理的顺序。标准的酒会餐序依次为:开胃菜、汤、热菜、点心、甜品、水果。鸡尾酒可在餐前或吃完甜品时喝。

★ 排队取食

在用餐时,不论是去餐台取菜,还是从服务员手里的托盘上选择酒水,均应遵守秩序,认真排队,依次而行。必须自觉摒弃加队、不排队、哄抢等坏习惯。在取用洋酒、软饮料或小食品时,可请身边之人先动手。

★ 多次少取

"多次少取"是鸡尾酒会的取食原则。在选取菜肴时,不论是爱吃的还是从未吃过的,都应一次只取一点,如果符合口味,吃完了可以再去取。若狂取一通,把盘子装得满满的,是非常失礼的。

★ 善于交际

在酒会上遇到不认识的人,可以主动介绍自己,而不必等主人引见。当其他人正在交谈时,可在征得同意之后,加入进去。当自己与其他人交谈时,有人打算加入的话,应表示欢迎。若对方是自己的熟人,还须把他介绍给大家。

★ 礼貌告辞

一般来说,出席鸡尾酒会的客人应按请帖上写明的时间起身告辞。正餐之后的酒会的告辞时间按常识而定,如果酒会不是在周末举行,那就意味着告辞时间应在晚间十一时至午夜之间。若是周末,则可更晚一些。在所有各种酒会上,离开之前都应向女主人当面致谢,

3. 注意事项

★ 如果接到了由女主人署名的请柬,千万别忘了入场之后的第一件事,就是问候女主人,并感谢她的盛情邀请。

★ 在酒会中,如果有事中途需要离去,应向主人道一下别。假如主人很忙,不要让对方专门抽身来为告辞者送行。

★ 当对存放衣物或酒会上供应的酒水、食品不太满意时,不要情绪激动、出言不逊或作出其他过激的行为。

★ 在酒会上,自己先取酒水、点心、菜肴时,切记不要超标过量。取来的东西必须全部吃完,扔掉或浪费掉是不允许的。

★ 在酒会上,除家人、好友外,千万不要擅自去替别人代取酒水、点心、菜肴,不过出于礼貌,让一让对方则是可行的。

★ 在酒会上,你可以打开胃口尽可能地吃喝,吃多少、喝多少没有限制,但是绝对不能"顺手牵羊",把酒会上的东西外带回家。

鸡尾酒会洋酒的品种

在酒会上，通常用来款待客人的酒水有两类。一类是名副其实的鸡尾酒，另一类则是诸如威士忌酒、苦艾酒、杜松子酒、朗姆酒、香槟酒、白兰地酒、干葡萄酒、利口酒、伏特加酒等多种其他类型的洋酒。

1. 鸡尾酒

鸡尾酒是一种混合型的酒类，它是用酒与酒以及其他饮料调配而成的。

在调制鸡尾酒时，可用不同种类的洋酒作为基底酒，然后再加入各种不同的以果汁、苏打水、鸡蛋清等等制作的混合添加剂，就可以制成层次分明、异彩纷呈、闪烁不定的一杯酒，好像雄鸡之尾一样色彩丰富，故称之为鸡尾酒。

调配鸡尾酒，需要很高的技艺和很丰富的经验，而且还需使用专用的鸡尾酒摇拌器、过滤器、兑酒用玻璃棒以及柳橙、柠檬、樱桃、杨梅、生姜、冰块等多种辅料。苏打水、糖浆、鸡蛋清等，也必不可缺。用以调配鸡尾酒的洋酒，主要有香槟酒、白兰地酒、威士忌酒、苦艾萄酒、杜松子酒等。

现今，人们可以调配出的"成名"的鸡尾酒约有 3000 多种。其中比较著名的有天使之吻、血腥玛丽、红粉佳人、螺丝起子、自由古巴、金东尼、亚历山大的姐妹等。它的度数，从几度至二十几度不尽相同。饮用时的温度也各有不同。

2. 威士忌酒

威士忌酒是一种用谷物发酵而酿造成的蒸馏酒。虽然世界上生产威士忌酒的国家和地区有很多,但迄今为止,独领风骚的一直是苏格兰生产的威士忌酒。

苏格兰生产的威士忌酒,是用特殊的矿泉水在特殊的温、湿度条件下,同用泥炭熏焙过的独具芬芳的大麦芽在一起发酵,再经壶式蒸锅蒸馏而成的。

除了有名的尊尼获加外,威士忌酒的名牌还有老伯、威雀、兰华士、添宝、占边、格兰、白马、珍宝、野火鸡等。它的度数在 43 度左右。饮用时,可以喝纯的,也可以加入冰块或苏打水之后再喝。

3. 苦艾酒

苦艾酒,在我国称作味美思,其传统制法是用以艾叶为主的草本香料,与白葡萄酒一道酿造而成。其实,现在用以配制苦艾酒的香料多达二十余种,在不同品牌的苦艾酒中,香料的使用各不相同,而且不一定非要用艾叶不可。

苦艾酒是一种主要的餐前开胃酒,它主要的产地在意大利与法国,著名品牌有康西亚、科英特芮娅等。

4. 杜松子酒

杜松子酒又叫金酒或琴酒。它无色透明,是用大麦芽与黑麦作原料,发酵后蒸馏而成的。因其在酿造过程中加入了杜松子,故称杜松子酒,它充满着杜松子的香味。

杜松子酒可以作为开胃酒,在餐前单独饮用。按含糖与否,杜松子酒分为干型与甜型两大类。其中干型的一类,可以作为鸡尾酒的主要配料使用。

世界上最有名的杜松子酒产于荷兰。有哥顿、布斯、多恩卡尔特、吉尔贝、皇牌等名酒。

5. 朗姆酒

朗姆酒是用甘蔗制糖的副产品糖蜜为主要原料,经过发酵、蒸馏、陈酿、调配而成的。它的色彩因酿造方法的不同,而呈无色、琥珀色与褐色等多种。其口味,也有厚重、清淡与中等三种。

世界上最著名的朗姆酒,都产在盛产蔗糖的西印度群岛,其中尤以产自牙买加的朗姆酒最为有名。

它的品牌现在有牙买加朗姆酒、地美拉朗姆酒、百家地朗姆酒等。

6. 香槟酒

香槟酒是一种发泡型的葡萄酒,又叫"爆塞酒"。根据含糖多少的不同,它有浓甜、很甜、一般甜、微甜和不甜等五种。优质的香槟酒,在生产之后,一般应当贮藏 4~10 年,它的度数为 10~15 度,在口感上酸涩、清凉而且带有水果香味。

饮用香槟酒前,应将酒瓶放在冰桶内冷藏 20 分钟左右。开瓶时,要轻摇一会儿,然后动手。

香槟酒可以单独作为餐前酒饮用,也可以制作鸡尾酒。在签字仪式、生日晚会、庆祝盛典上,人们往往也要开上一瓶香槟酒,以资助兴。名牌香槟酒有香槟王、玛姆等。

7. 白兰地酒

白兰地酒是一种经过蒸馏精制而成的葡萄酒。白兰地的色泽金黄,具有香甜醇美的特色。根据习俗,放入橡木桶、在地窖内贮存时间越长的白兰地酒,才越算名贵。

人们公认,产自法国的白兰地酒,尤其是产自法国干邑地区的白兰地,最为名贵。人们在饮白兰地之前,讲究双手把玩一会酒杯,以期为杯中之酒加温。只有经过这道手续,它才能让人喝得有滋有味。

名牌的白兰地有人头马、轩尼诗、马爹利、拿破仑、百事吉、御鹿、金花等多种。

8. 干葡萄酒

因为色彩的不同，干葡萄酒有干白、干红、玫瑰红（又称桃红）等三种。

干白葡萄酒酸度适中，干爽，一般酒体较淡，果香、酒香清雅新鲜，最适于温度较低时饮用，专家建议最佳饮用温度在 6~10℃ 之间。干红葡萄酒入口醇厚，微带涩味。由于是带皮发酵，所以在发酵的同时浸出了很多果皮中的成分，一般酒体很醇厚，色浓，适于温度较高时饮用，专家建议最佳饮用温度为 14~20℃。玫瑰红的口味与饮法，与干白略同。不过因为色泽的缘故，它更讨女士喜爱。

世界上最有名气的干葡萄酒，出产在法国、德国、葡萄牙和西班牙。它的贮藏，一般不宜超过 10 年。除干葡萄酒外，还有半干葡萄酒，其含糖量为4.1~12.0g/L 微有一些甜味。

9. 利口酒

利口酒是往中性酒如白兰地、威士忌、朗姆、金酒、伏特加或葡萄酒中加入一定的加味材料（如树根、果皮、香料等），经过蒸馏、浸泡、熬煮等过程而成，且至少含有 2.5% 的甜浆，它的酒精含量在 15%~55% 之间。

利口酒主要生产国为法国、意大利、荷兰、德国、匈牙利、日本、英格兰、俄罗斯、爱尔兰、美国和丹麦。

10. 伏特加酒

伏特加酒是一种白酒，它的原料既可以是小麦、大麦或黑麦，也可以是玉米或土豆。伏特加酒的度数较高，其中最高者达 60 度左右。它的最大特色是无色、无味，有一些像杜松子酒。它可以直接饮用，也可以兑入果汁、汽水等软饮料一起饮用。以伏特加酒为基酒调配成的螺丝起子、曼哈顿等，都是鸡尾酒之中的精品。

有名的伏特加酒有莫斯科、首都、柠檬、施马诺、白色麋鹿等品牌。

职场茶会的准备礼仪

茶会准备礼仪,是指茶会组织者在茶会准备阶段应遵守的礼仪。职场茶会的准备礼仪包括以下几方面:

1. 拟定茶会的形式

茶会形式多种多样,有品茶会、茶话会、音乐茶座等。一般庄重、高雅的茶友间相聚多用品茶会;单位集体座谈某种事项用茶话会;娱乐、消遣性聚会宜安排音乐茶座。

2. 确定主题

茶话会的主题,特指茶话会的中心议题。在一般情况下,商界所召开的茶话会,其主题大致可分为三类:其一,以联谊为主题。其二,以娱乐为主题。其三,以专题为主题。

★ 以联谊为主题的茶话会,是日常所见最多的茶话会。在这类茶话会上,宾主通过叙旧与答谢,往往可以增进相互之间的进一步了解,密切彼此之间的关系。除此之外,它还为与会的社会各界人士提供了一个扩大社交圈的良好契机。

★ 以娱乐为主题的茶话会,主要是为了活跃现场的局面,增加热烈而喜庆的气氛,调动与会者人人参与的积极性。

★ 以专题为主题的茶话会,是指在某一特定的时刻,主办单位就某一专门问题收集反映,听取某些专业人士的见解,或者是同某些与本单位存在特定关系的人士进行对话,而召开的茶话会。此类茶话会,尽管主题既定,仍需倡导与会者畅所欲言,并且不拘情面。为了促使会议进行得轻松而活跃,有些时候,茶话会的专题允许宽泛一些,并且许可与会者的发言稍许脱题。

3. 来宾的确定

茶话会的与会者,除主办单位的会务人员之外,即为来宾。邀请哪些方面的人士参加茶话会,往往与其主题存在着直接的因果关系。因此,主办单位在筹办茶话会时,必须围绕主题来邀请来宾,尤其是确定好主要的与会者。

在一般情况下,茶话会的主要与会者,大体上可被区分为五种情况:其一,本单位的人士。其二,本单位的顾问。其三,社会上的贤达。其四,合作者中的伙伴。其五,各方面的人。

★ 以本单位人士为主要与会者的茶话会,意在沟通信息,通报情况,听取建议,嘉勉先进,总结工作。有时,这类茶话会亦可邀请本单位的全体员工或某一部门、某一阶层的人士参加。

★ 以本单位顾问为主要与会者的茶话会,意在表达对有助于本单位的各位专家、学者、教授的敬意。他们受聘为本单位的顾问,自然对本单位贡献良多。同时,特意邀请他们与会,既表示了对他们的尊敬与重视,又可以进一步地直接向其咨询,并听取其建议。

★ 以社会上的贤达为主要与会者的茶话会,可以使本单位与社会贤达直接进行交流,加深对方对本单位的了解与好感,并且倾听社会各界对本单位的直言不讳的意见或反映。社会贤达,通常是指在社会上拥有一定的才能、德行与声望的各界人士。作为知名人士,他们不仅在社会上有一定的影响力、号召力和社会威望,而且还往往是某一方面的代言人。

★ 以合作伙伴为主要与会者的茶话会,重在向与会者表达谢意,加深彼此之间的理解与信任。合作中的伙伴,在此特指在职场往来中与本单位存在着一定联系的单位或个人。除了自己的协作者之外,还应包括与本单位存在着供、产、销等其他关系者。

★ 以各方面的人为主要与会者的茶话会，除了可供主办单位传递必要的信息外，主要是为与会者创造出一个扩大个人交际面的社交机会。

4. 时间的选择

茶话会时间的选择是很重要。通常认为，辞旧迎新之时、周年庆典之际、重大决策前夕、遭遇危难挫折之时等，都是商界单位酌情召开茶话会的良机。

根据国际惯例，举行茶话会的最佳时间是下午 4 点左右。有些时候，亦可将其安排在上午 10 点钟左右。需要说明的是，在具体进行操作时，可不必墨守成规，而主要应以与会者尤其是主要与会者的方便与否以及当地人的生活习惯为准。

一般情况下，一次成功的茶话会，大都讲究适可而止。若是将其限定在一个小时至两个小时之内，它的效果往往会更好一些。

5. 地点的选择

按照惯例，适宜举行茶话会的大致场地主要有：一是主办单位的会议厅。二是宾馆的多功能厅。三是主办单位负责人的私家客厅。四是主办单位负责人的私家庭院或露天花园。五是包场高档的营业性茶楼或茶室。餐厅、歌厅、酒吧等处，均不宜用来举办茶话会。

在选择举行茶话会的具体场地时，还需同时兼顾与会人数、支出费用、周边环境、交通安全、服务质量、档次名声等问题。

6. 座次的安排

根据约定俗成的惯例，目前在安排茶话会与会者的具体座次时，主要采取以下四种办法。其一，环绕式。其二，散座式。其三，圆桌式。其四，主席式。

★ 环绕式排位指的是不设立主席台，而将座椅、沙发、茶几摆放在会场的四周，不明确座次的具体尊卑，而听任与会者在入场之后自由就座。这种方式在当前流行面最广。

★ 散座式排位多见于举行于室外的茶话会。它的座椅、沙发、茶几的摆放,貌似散乱无序,四处自由地组合,甚至可由与会者根据个人要求而自行调节,随意安置。其目的,就是要创造出一种宽松、舒适、惬意的社交环境。

★ 圆桌式排位是指在会场上摆放圆桌,而请与会者在其周围自由就座的一种安排座次的方式。在茶话会上,圆桌式排位通常又分为下列两种具体的方式:一是仅在会场中央安放一张大型的椭圆形会议桌,而请全体与会者在其周围就座。二是在会场上安放数张圆桌,而请与会者自由组合,各自在其周围就座。

★ 主席式排位是指在会场上,主持人、主人与主宾应被有意识地安排在一起就座,并且按照常规,居于上座之处。例如,中央、前排、会标之下或是面对正门之处。

7. 选择合适的茶具

在招待客人时,茶具应有所讲究。从卫生健康角度考虑,泡茶要用茶壶,茶杯要用有柄的,不要用无柄茶杯。目的是避免手与杯体、杯口接触,传播疾病。茶具一般应选择陶质或瓷质器皿。陶质器皿以江苏宜兴的紫砂茶具为佳。不要用玻璃杯,也不要用热水瓶代替茶壶。如用高杯(盖杯)时,则可以不用茶壶。有破损或裂纹的茶具是不能用来待客的。

8. 选择合适的茶叶

选择茶叶时,在力所能及的情况之下,应尽力挑选上等品,切勿滥竽充数。与此同时,要注意照顾与会者的不同口味。对中国人来说,绿茶老少咸宜。而对欧美人而言,红茶则更受欢迎。

不同的地区,饮茶的习惯不同,应准备的茶叶也就不尽相同。广东、福建、广西、云南一带习惯饮红茶,近几年受港澳台影响,饮乌龙茶的人也多了起来。江南一带饮绿茶比较普遍。北方人一般习惯饮花茶,少数民族地区,大多习惯饮浓郁的紧压茶。就年龄来讲，一般地说，青年人多喜欢饮淡茶、绿茶，老年人多喜欢饮浓茶、红茶。

9. 选择合适的食品

除主要供应茶水之外，在茶话会上还可以为与会者略备一些点心、水果或是地方风味小吃。需要注意的是，在茶话会上向与会者所供应的点心、水果或地方风味小吃，品种要对路、数量要充足，并且要便于取食。按惯例，在茶话会举行之后，主办单位通常不再为与会者备餐。

职场茶话会进行过程中的礼仪

茶会在我国有着悠久的历史。最早的茶会是为了进行交易和买卖。后来，茶会推而广之，成为一种用茶点招待宾客的社交性聚会形式。在职场活动中，茶会主要是为交流思想、联络感情、洽谈业务、开展公务等目的。职场茶会进行过程中的礼仪主要包括以下几方面：

1. 茶会开始

主持人应热情致辞欢迎应邀者光临，并讲明举办茶会的目的和内容。一般来说，茶会就座比较自由，讲话也不要求有严格的顺序，可随感而发，即席发言。当比较生疏的客人发言时，主持者应介绍发言人的身份，以便大家有所了解。

2. 奉茶的时机

奉茶，通常是在客人就座后，开始洽谈工作之前。如果宾主已经开始洽谈工作，这时才端茶上来，免不了要打断谈话或为了放茶而移动桌上的文件,这是失礼的。值得注意的是,喝茶要趁热,凉茶伤胃,茶浸泡过久会泛碱味,不好喝,故一般应在客人坐好后再沏茶。

3. 奉茶的顺序

上茶时一般由主人向客人献茶,或由接待人员给客人上茶。上茶时最好用托盘,手不可触碗面。奉茶时,按先主宾后主人,先女宾后男宾,先主要客人后其他客人的礼遇顺序进行。在上茶时,应从客人左后侧为之上茶,不要从正面端茶,因为这样既妨碍宾主思考,又遮挡视线。有时,为了提醒客人注意,可在为之上茶的同时,轻声告之"请您用茶"。若对方向自己道谢,不要忘记回答一声"不客气"。

4. 斟茶的礼仪

在斟茶时要注意每杯茶水不宜斟得过满,以免溢出洒在桌子上或客人衣服上。一般斟七分满即可,应遵循"满杯酒、半杯茶"之古训。

5. 续茶的礼仪

在茶会上,要注意客人杯中茶水的存量,随时续水。续水,一般在活动进行 30~40 分钟后进行。如果往小茶杯中续茶水,应将一把茶壶中的茶,经过滤倒入另一把茶壶,然后再续水。倒续水时瓶口要对准杯口,不要把瓶口提得过高,以免溅出杯外。如不小心把水洒在桌上或茶几上,要及时用小毛巾擦去。不端下茶杯,而直接在桌上或茶几上往杯中倒水、续水,是不符合操作规范的。

应安排专人给客人续茶,续茶时服务人员走路要轻,动作要稳,说话声音要小,举止要落落大方。续茶时要一视同仁,不能只给一小部分人续,而冷落了其他客人。如用茶壶泡茶,则应随时观察是否添满开水,但注意壶嘴不要冲着客人方向。

6. 饮茶的礼仪

不论客人还是主人,饮茶要边饮边谈,轻啜慢咽。不宜一次将茶水饮干,不应大口吞咽茶水,喝得咕咚作响。应当慢慢地一小口、一小口地仔细品尝。如遇漂浮在水面上的茶叶,可用茶杯盖拂去,或轻轻吹开,切不可从杯里捞出来扔在地上,更不要吃茶叶。

7. 其他注意礼仪

我国旧时有以再三请茶作为提醒客人应当告辞的做法,即端茶送客。因此,在招待老年人或海外华人时要注意,不要一而再、再而三地劝其饮茶。

第八章　品饮篇
——职场礼仪之酒水

人无礼则不生,事无礼则不成,国家无礼则不宁。

——荀子

　　茶、酒、咖啡的文化源远流长。中国有"客来敬茶茶留客"的风俗习惯,有"有宴必有酒,无酒不成宴"的说法。在西方国家,咖啡、红酒自古是餐桌上不可缺少的。饮不只是为了解渴,茶、酒、咖啡在餐桌上有举足轻重的作用,可以沟通双方的感情,拉近彼此的距离,营造轻松的谈话气氛。餐桌上,精于品饮、懂得品饮礼仪的人,不仅做成了事业,也搞好了关系,结识了朋友,一举两得,名利双收。所以,品饮礼仪是职场人士必须要掌握的,它可以为你的成功助一臂之力。

中餐中的酒水礼仪

亲朋往来、逢年过节时人们都要举杯畅饮,以增添喜庆气氛。自古"酒"就有"久""有""寿"的象征,中国酒文化历经数千载而不衰,酒还能在许多场合使老友新朋的关系融洽。善于饮酒的人,不仅能饮,而且会饮。职场人员要真正做到善用酒水,合乎礼仪,一般需要特别注意以下几个事项:

1. 准备酒水

如果在宴会上提供了珍品佳酿,请务必把酒瓶拿出给宾客看见。宴会主人要同时准备多种酒,如红酒、白酒、啤酒等,要为不饮酒的宾客准备好的果汁饮料。

宴会前可将白酒放于冰箱两小时,或放入冰酒器中 20 分钟。白酒品质愈好,降温所需时间愈短。

2. 酒与菜肴的搭配

酒水的主要功能,是在用餐时开胃助兴。然而欲使酒水正确地发挥这一作用,就必须懂得酒菜搭配之道。唯有如此,二者才会相得益彰。不然,就很有可能会是事倍功半,甚至坏人食欲。若无特殊规定,正式的中餐宴会通常会上白酒与葡萄酒。因为饮食习惯方面的原因,中餐宴请中上桌的葡萄酒多半是红葡萄酒,而且一般都是甜红葡萄酒。选用红葡萄酒,是因为红色充满喜气。而选用甜红葡萄酒,则是因为不少人对口感不甜、微酸的干红葡萄酒不太认同。

通常在每位用餐者面前餐桌桌面的正前方,排列着大小不等的三只杯子，自左而右，它们依次分别是白酒杯、葡萄酒杯、水杯。

具体来讲，在搭配菜肴方面，中餐所选的酒水讲究不多。爱喝什么酒就可以喝什么酒，想什么时候喝酒也可完全自便。

通常，正规的中餐宴会不上啤酒。在便餐、大排档中，它的身影方才更为多见。

3. 斟酒礼仪

第一次斟酒要由主人亲自动手，逆时钟方向进行，可从主人左侧的客人开始。客人喝完第一杯酒后，附近的人可以自由添酒。如果同时准备了红酒和白酒，应把两种酒瓶分放在桌子两端，不要让客人用同一个杯子喝两种酒。

若是服务员来斟酒，你不必拿起酒杯，但不要忘了向服务员致谢。但如果是主人亲自斟酒时，必须端起酒杯致谢，甚至是起身站立或欠身点头致谢。也可以使用"叩指礼"，即用右手拇指、食指、中指捏在一起，指尖向下，轻叩几下桌面表示谢意。

倒酒时瓶口要尽量朝上，避免酒滴漏出来。斟酒应先给长辈、远道客人或职务、职衔较高者；同一辈分或夫妻之间，应先给对方斟酒，同一辈分成员较多则可以按年龄高低或顺时针方向依次斟酒。

主人为来宾斟酒时，要注意以下四点：

★ 当场启封。主人为来宾所斟的酒，应是本次宴会上最好的酒，并应当场启封。

★ 一视同仁。要面面俱到，一视同仁，切勿有挑有拣，只为个别人斟酒。

★ 注意顺序。可以依顺时针方向，从自己所坐之处开始，也可以先为尊长、嘉宾斟酒。

★ 斟酒适量。白酒和啤酒都可以斟满，其他酒不用斟满。

在正式场合，除主人和服务员外，其他宾客一般不要自行给别人斟酒。

宴席上斟酒时,接受斟酒者应起身或俯身,以手扶杯或作欲扶杯状,以示感谢或恭敬。对于拒绝斟酒的人,斟酒者持理解和宽容的态度,不应该强人所难。

4. 敬酒礼仪

宴会上先由主人向来宾敬酒,客人、长辈、女士不宜首先向主人、晚辈、男士敬酒。主人敬酒后来宾要回敬主人,在宴席规模较大时,主人则应依次敬酒,各桌可选一位代表到主人所在的餐桌上回敬。

5. 饮酒礼仪

喝酒能反映一个人的格调、品位和修养。每个人酒量都不同,同一个人不同时间、心情等情况下,酒量也不同。了解自己的酒量很有必要,在了解的基础上适量饮酒,才能避免在席间失态。食物是最好的酒底子,喝酒前最好先吃点心,免得空腹喝酒导致酒醉失态。

中餐中的茶水礼仪

我国历来就有"客来敬茶"的民俗。早在3000多年前的周朝,茶已被奉为礼品与贡品。到两晋、南北朝时,客来敬茶已经成为人际交往的社交礼仪。颜真卿《春夜啜茶联句》中有"泛花邀坐客,代饮引清言"。唐代刘贞亮赞美"茶有十德",认为饮茶除了可健身外,还能"以茶表敬意""、"以茶可雅心"、"以茶可行道"。现在,饮茶更成为人们日常社交和家庭生活中普遍的往来礼仪。

1. 选茶的礼仪

选茶也要因人而异,如北方人喜欢饮香味茶,江浙人喜欢饮清芬的绿茶,闽粤人则喜欢酽郁的乌龙茶、普洱茶等。茶具可以用精美独特的,也可以用简单质朴的。另外,喝茶的环境应该静谧、幽雅、洁净、舒适,让人有随遇而安的感觉。

2. 饮茶的礼仪

★ 礼貌接茶

若主人,特别是女主人或者长辈为自己上茶时,在可能的情况下,应当即起身站立,双手捧接,并道:"多谢"。不要视若不见,不理不睬。当其为自己续水时,也应以礼相还。若自己难以起身站立、双手捧接或答以"多谢"时,至少应向其面含微笑,点头致意,或者欠身施礼。

★ 正确端茶

在端起茶杯时,应以右手持杯耳。端无杯耳的茶杯时,则应以右手握茶杯的中部。而以手端起杯底,或是用手握住茶杯杯口,都让人觉得动作粗鲁,不讲卫生。

★ 文雅品饮

在饮茶之时,应当一小口、一小口地细心品尝。每饮一口茶后,应使其在口中稍作停留,再慢慢地咽下去,这样品茶才香。无论如何,饮茶时都不要大口吞咽,一饮而尽,不要喝得口中"咕咚咕咚"直响,茶水顺腮直流。

3. 下午茶的礼仪

传统上,下午茶是女主人在家招待女性朋友的聚会,是下午接待访客的最重要时刻。殊不知如今下午茶已俨然成为职场沟通中的一份"甜点",它虽没有正式餐会的那份奢华与气派,但正如一顿饭后甜点,吃起来舒心,少了寡味。

★ 具体时间

在企业界,喝下午茶的风气愈来愈普遍,也愈来愈受欢迎,时间可订于下午3点半到5点半间的任一时段。

★ 把握好时机

平日里，老板可是不容易随便套近乎的，那下午茶的时间可就得好好利用了，这个时候接触老板既轻松也不会惹来嫉妒。这时候的谈话是最高效，便于及时掌握一些与工作有关的信息。

4. 注意事项

★ 饮茶的时候，忌连茶带叶一并喝入口中，更不能下手自茶中取出茶叶，甚至放入口中食之。万一把茶叶喝进嘴里，也不要吐出来或是用手从嘴里拿出来，而应该在其他地方吐掉。

★ 茶太烫的话，也不要去吹，或是用另一只茶杯去折凉茶水，而最好待其自然冷却。

★ 若主人告之所饮的是名茶，则饮用前应仔细观赏一下茶水，并在饮用后加以赞赏。不要不予理睬，或是随口加以贬低。

★ 不喝的凉茶、剩茶，千万不要随手泼洒在地上。

西餐中的酒水礼仪

"无酒不称宴"，饮酒可谓是餐桌上的重要活动，可以和菜肴并重。同样，在正式的西餐宴会里，酒水也是主角。与中餐的酒水相比，西餐中的酒水要丰富得多，有关酒水礼仪也有多方面的要求，每一个商界人士有必要做些了解。

西餐宴会中所上的酒水，一共可以分为餐前酒、进餐酒、餐后酒等三种。它们各自又拥有许多具体种类。

1. 餐前酒

法语叫做开胃酒，英语叫做开胃品，意思都是"增加食欲的东西"。显而易见，它是在开始正式用餐前饮用的，或在吃开胃菜时与之配伍的。开胃酒的目的是刺激食欲，喝得太多反而没有食欲，所以，不要多喝。

餐前酒因国而异，各国经常喝的餐前酒分别如下：

★ 美国——鸡尾酒、威士忌、啤酒。

★ 日本——啤酒、威士忌、鸡尾酒、葡萄酒。

★ 法国——葡萄酒、威士忌、马丁尼。

★ 英国——葡萄酒、威士忌、鸡尾酒、啤酒。

★ 俄罗斯——伏特加、葡萄酒。

2. 进餐酒

进餐酒也称佐餐酒。毫无疑问，它是在正式用餐期间饮用的酒水。西餐里的进餐酒均为葡萄酒。

正式西餐，每上一道菜，侍者就会奉上一次酒，酒随菜不同而不同。常用的葡萄酒有雪醴酒、苦艾酒、香槟酒或鸡尾酒等。

在正餐或宴会上选择进餐酒，有一条重要的讲究不可不知，即"白酒配白肉，红酒配红肉"。这里所说的白肉，即鱼肉、海鲜、鸡肉等。吃这类肉时，须以白葡萄酒搭配。这里所说的红肉，即牛肉、羊肉、猪肉等。吃这类肉时，应配以红葡萄酒。鉴于西餐菜肴里的白肉多为鱼肉，故这一说法有时又被改头换面地表述为："吃鱼喝白酒，吃肉喝红酒"。其实二者的本意完全相同。不过，此处所说的白酒、红酒，都指葡萄酒而言。

3. 餐后酒

法语、英语叫做消化酒，是帮助消化的意思。最常见的餐后酒是利久酒，它又叫香甜酒。最有名的餐后酒，则是有"洋酒之王"美称的白兰地酒。白兰地是葡萄酒蒸馏而成的，酒精浓度大约是 42°或 43°，代表性的有法国科涅克地方产的白兰地。

其实，上述区分也是十分不严格的，往往一种酒是不太容易区分其是餐前酒、进餐酒或是餐后酒的。因为，有时候它既有可能是餐前酒，也有可能是进餐酒。

在一般情况下，饮不同的酒水，要用不同的专用酒杯。在每位用餐者桌面上右边餐刀的上方，大都会横排放置着三四只酒水杯。取用它时，可依次由外侧向内侧进行。在它们之中，香槟杯、红葡萄酒杯、白葡萄酒杯以及水杯，往往必不可少。

品饮咖啡的礼仪

正式的西式宴会，咖啡往往是"压轴戏"。而一些正式的西式宴会一般在晚上举行，所以在宴会上喝咖啡通常是在晚上。不过为了照顾个人的嗜好，在宴会上上咖啡的同时往往也会备上红茶，由宾客们自己选择。

职场人员在喝咖啡的时候，一定要注意个人的行为举止。主要是在饮用的数量、配料的添加、喝的方法这三个方面多加注意。

1. 饮用数量

喝咖啡的具体数量，在正式的场合，商界人士要注意两点：

★ 杯数要少

商界人士在正式场合喝咖啡，它只是作为一种交际的陪衬、手段，所以最多不要超过三杯咖啡。所谓"过犹不及"，再好的东西也要"适可而止"。

★ 入口要少

喝咖啡既然不是为了充饥解渴,那么在喝的时候就不要动作粗鲁,让人发笑。端起杯子一饮而尽,或是大口吞咽,搞得响声大作,都是失礼的。

2. 配料添加

有时根据需要,可自己动手往咖啡里加一些像牛奶、糖块之类的配料。这时候,一定要牢记自主和文明这两项添加要求。具体应做到以下几点:

★ 如果某种配料用完,需要添加时,不要大呼大叫。另外,不要越俎代庖,给别人添加配料。替别人的咖啡添加配料纯粹是多此一举的行为。

★ 给咖啡加糖时,如果是砂糖,可用汤匙舀取,直接加入杯内;如是方糖,则应先用糖夹子把方糖夹在咖啡碟的近身一侧,再用汤匙把方糖加在杯子里。如果直接用糖夹子或手把方糖放入杯内,有时可能会使咖啡溅出,从而弄脏衣服或台布。

★ 加牛奶的时候,可直接添加,但动作要稳,不要倒得满桌都是。同时,为避免咖啡溅出,添加时位置要尽量低。

3. 喝咖啡的方法

职场人士所出席的正式场合,喝咖啡时,往往都是倒进杯子,然后放在碟子上一起端上桌的。而碟子主要是用来放置咖啡匙,并接收溢出杯子的咖啡。

喝的方法上应注意把握以下几个问题:

★ 如何握咖啡杯

在餐后饮用的咖啡,一般都是用袖珍型的杯子盛出。这种杯子的杯耳较小,手指无法穿出去。但即使用较大的杯子,也不要用手指穿过杯耳端杯子。正确的拿法应是伸出右手,用拇指和食指拈住杯把而将杯子端起。不可以双手握杯或用手托着杯底,也不可以俯身就着杯子喝。

如果坐在桌子附近喝咖啡,通常只须端杯子,而不必端碟子。如果离桌子比较远,或站立、走动时喝咖啡,没有了餐桌可以依托,则可以用左手端碟子,右手持咖啡杯耳慢慢品尝,如果坐在沙发上,也可照此办理。

★ 如何使用杯碟

盛放咖啡的杯碟都是特制的。它们应当放在饮用者的正面或右侧,杯耳应指向右方。喝咖啡时,可以用右手拿着咖啡的杯耳,左手轻轻托着咖啡碟,慢慢地移向嘴边轻啜。添加咖啡时,不要把咖啡杯从咖啡碟中拿起来。

★ 如何使用咖啡匙

咖啡匙是专门用来搅咖啡的,饮用咖啡时应当把它取出来。不要用咖啡匙舀着咖啡一匙一匙地慢慢喝,也不要用咖啡匙来捣碎杯中的方糖。

在正式场合,咖啡匙的作用主要是加入牛奶或奶油后,用来轻轻搅动,使牛奶或奶油与咖啡相互融合。加入小糖块后,可用咖啡匙略加搅拌,以促使迅速溶化。如果咖啡太烫,也可以用咖啡匙稍加搅动。

★ 咖啡太烫怎么办

刚刚煮好的咖啡太热,可以用咖啡匙在杯中轻轻搅拌使之冷却,或者等自然冷却后再饮用。用嘴试图去把咖啡吹凉,是很不文雅的动作。

★ 如何给咖啡加糖

给咖啡加糖时,砂糖可用咖啡匙舀取,直接加入杯内;也可先用糖夹子把方糖夹在咖啡碟的近身一侧,再用咖啡匙把方糖加在杯子里。如果直接用糖夹子或手把方糖放入杯内,有时可能会使咖啡溅出,从而弄脏衣服或台布。

★ 如何与交往对象交谈

商界人士时时刻刻都是公务在身,喝咖啡时也不能忘了"正事",要适时地和交往对象进行交谈。这时候,务必要细声细语,不可大声喧哗,乱开玩笑,更不要和人动手动脚,追追打打。否则,会有失商界人士的身份。

4. 注意事项

★ 喝咖啡时,为了不伤肠胃,往往会同时准备一些糕点、果仁、水果之类

184

的甜点。需要用甜点时,首先要放下咖啡杯。在喝咖啡时,手中不要同时拿着甜点品尝。更不能双手左右开弓,一边大吃,一边猛喝。

★ 尽量不要在别人喝咖啡时,向对方提出问题,让对方说话。自己喝过咖啡要讲话以前,最好先用纸巾擦拭一下嘴巴,免得让咖啡弄脏嘴角。

★ 商界人士在正式场合使用咖啡匙时应注意两点禁忌:一是不要用咖啡匙去舀咖啡来喝;二是搅过咖啡的咖啡匙,上面都会沾有咖啡,应轻轻顺着杯子的内缘,将咖啡滴流而下,绝不能拿起咖啡匙上下甩动。

★喝咖啡时,不要发出声响,也不要不要满把握杯、大口吞咽,更不要俯首去就咖啡杯。

欧式餐厅饮酒须知

1. 耐心等候

初进餐厅,应在等候区等待领台人员带位,不可以径自进去找到自己认为合适的座位就座。假如您在欧洲这样做则有可能会被请出餐厅。当领台人员带到座位后,应先让女士入座,并将最佳视野的位子让给女士。因为欧洲人认为右方为大,所以要尽量让女士坐在男士的右方。

2. 召唤服务员

当您需召唤服务员时,切勿采用拍手或打响指的方式,只需稍微举一下手即可。这样做也可以检验一下该餐厅的服务水准。通常只要顾客使个颜色,好的服务员便会注意到您需要他服务了。

3. 点酒

在服务员送上菜单及酒单时，建议您先点菜后点酒，除非您已事先选定要喝的酒了。先决定菜肴，才能依据菜肴的口味选择相搭配的一种或几种葡萄酒。

在餐厅里点选餐酒，其实并无法则，然而最重要的，还是先订下消费预算。一般来说，点选的餐酒价钱，应大概为晚餐消费的一半。点酒时，可以先浏览一下酒单，考虑一下自己的兴趣、预算及酒单内是否有让人惊喜的发现等。假如您一时拿不准主意，可以求助于服务员，告诉他您已点了什么菜，想喝或喜欢喝哪一类的酒，请他推荐或建议。假如您想要的酒恰巧不在酒单内，就要问得更仔细一些，包括产区、年份，尤其是价格，以免超出您的预算。

4. 验酒

点过了酒，服务员会把酒拿过来，先让您确认一下，验明正身后在您的身旁开瓶（而不是拿回吧柜开瓶）。开瓶之后，服务员要先把木塞给您检查，您可以嗅一下是否有异味及木塞是否异常。若一切正常您就点头示意可以开始试酒了。

5. 试酒

服务员会倒一些酒在您的酒杯里。现在是您展示试酒功力的时候了。依照试酒三部曲，先看后闻最后品尝。在您试酒时，除非酒有明显的变质，否则不可任意要求换酒，更不可以"这个味道我不喜欢"为由而要求换酒。

4. 品酒的顺序

喝酒的顺序一般是：先喝白酒，后喝红酒；先喝年轻的酒，后喝老年份的酒；先喝清淡的酒，后喝浓郁的酒；先喝干酒，后喝甜酒。当然这只是一般规则，并非绝对。如果您不想再喝酒而服务员还想继续为您斟酒的话，您只需用手碰碰杯子，示意不想再喝了即可。

5. 品酒三部曲

品酒要用眼、鼻和口来鉴别酒液的色、香与味。简单来说,品酒可分为以下三个主要步骤:

★ **先用眼睛观赏酒液的颜色**

选定餐酒后,侍应会先将酒奉上,给你核对瓶上的标签,确认餐酒品牌无误后,就会先倒少许酒液于杯内给你试饮,若你对酒质口味感到满意,侍应便会继续添酒。

试酒前,先要微微举起酒杯,轻轻打圈摇晃,先欣赏酒液的"挂杯"情况,再于灯光下观赏其色泽,并要留意酒中是否清澈无杂质。

★ **用鼻子去感受酒香**

先握紧杯脚,将酒杯轻轻打圈,让红酒在杯内晃动,跟大量空气接触,释放香气,然后将酒杯凑近鼻子,慢慢享受酒香。只要你多试几次,慢慢就能分辨出酒液中的果味、木味、花味、泥土味以及橡木味,亦可凭味道分辨出酒的级数。

★ **呷一口酒,让酒香在口腔中慢慢释放散开**

饮用餐酒,"咕噜咕噜"地喝下去,是一种浪费和失礼。礼貌的做法是,先呷一口,让味蕾感受酒的味道,然后才慢慢吞下。而一瓶优质佳酿,喝后酒香会留于口腔之内,久久不散,为晚餐带来丰富的味觉享受。

6. 小费

餐后,如果你对服务质量还满意的话,一般都会留给服务员一定的小费。

宴席上如何拒酒才合礼

给客人斟酒时,应走到客人右侧,除啤酒外,酒瓶瓶口不应接触杯缘。斟酒量的多少应根据酒的种类而定,一般不超过八成满。宴席上斟酒时,接受斟酒者一般应起身或俯身,以手扶杯或作欲扶杯状,以示感谢或恭敬。但是那些确实不会喝酒或由于种种原因不打算喝酒的人怎么拒酒呢? 如何做才能既不用勉强饮酒,又不失礼貌?

通常可以采取以下几种办法:一是主动地要一些非酒类饮料,如汽水、果汁、矿泉水或白开水等,并说明不饮酒的原因。二是让斟酒者在自己杯子里少斟上一点,但尽可以不喝。因为一般情形下,杯中酒是可以不喝的。三是当斟酒者向自己杯子里斟酒时,用手轻轻敲击酒杯的边缘,意思是我不喝酒,谢谢。

拒绝饮酒的适当理由主要有以下几种:

1. 以身体不适或患有疾病为由

可以以身体不舒服或是患有某种忌酒的疾病(如肝脏不好、高血压、心脏病等)为理由,拒绝对方的劝酒,这样对方就不好再勉强了。如可以这样说:"真对不起,我这两天有点感冒,头老是发晕,我怕再喝酒就回不了家了,等下次身体舒服了,一定把这杯欠下的酒补回来。"或者"对不起,我高血压,医生不让饮酒,来以茶代酒吧。"

2. 以特定的职业为由

有些特定的职业不大适宜于喝酒。如果从自己的职业出发,把不宜喝酒的原因讲清楚,一般情况下对方就不会再请求了。假如你是司机,就可以这样说:"我真的喝不了,从小到大就很少沾酒,闻到酒味就不大舒服,再者今天还得开车,可不敢喝,被罚款不说,出了意外就不好了。"假如你是位大学生,可以这样拒酒:"学校里都有校规,规定不许喝酒,我们寝室就没人喝,所以我也不好意思带着酒味回去。"

3. 以安全问题为由

有些人沾酒就晕、就醉,如果喝完了酒去办事,特别是开车、操作机器之类的事,其危险性是很大的。当然,即使并不从事这些工作,只要能说出有理有据的理由证明喝酒对自己有危险,那么对方出于对你安全的考虑,也就不会勉强了。如晚上骑车到朋友家聚会,就可以这样拒酒:"我真的不能再喝了,要不然真回不了家了。你看今天晚上一颗星星都没有,我们家那一片又没有路灯,骑着车实在太危险了。"

4. 挑对方劝酒语中的毛病

劝喝酒,总得找个理由,而有些理由有时是靠不住的,特别是一些并不太高明的劝酒者,其劝酒语中往往会有不少漏洞。抓住这些漏洞,分析其中道理,最后证明应该喝酒的不是自己,而是对方,或者是其他人。如。对方这样向你劝酒:"武先生,这一桌只有我们两位姓武,同姓 500 年前是一家,看来我们是有缘分的,这杯酒应当干掉!"此时你就可以抓住其疏漏,这样拒酒:"哦,我很想跟您喝这杯酒,可是实在对不起,您可能搞错了,我的'吴'是'口天吴'不是武术的'武'。我不知道这两个同音不同字的姓,500 年前是否也是一家。所以,这杯酒我不好喝。"

5. 推卸"责任"

这里是指找人代饮,代饮是一种既不失风度,又不使宾主扫兴的躲避敬酒的方式。本人不会饮酒,或饮酒太多,但是主人或客人又非得敬上以表达敬意,这时,就可请人代酒。通常,长辈可以请年轻人代喝,女性可以请男士代喝,酒量小的可以请关系较亲密而酒量大者代喝。一般说来,只要代喝者愿意效劳,劝酒者是不好再说什么的。例如,在对方劝酒时,你可以请自己的朋友代喝,不妨这样说:"你的盛意我心领了,酒就免了吧,今天实在不能喝了,再喝就回不了家了,下次我一定补上。要是您执意让我喝,那我就只能让我的朋友代饮了。我和他从小一块儿长大,情同手足,因此,他喝了,就等于我喝了,您看怎么样?"

以茶待客的礼仪

饮茶在我国,不仅是一种生活习惯,也是一种源远流长的文化传统。以茶敬客在待客之际是一种绝对不可缺少的重要礼仪。

中国人习惯以茶待客,并形成了相应的饮茶礼仪。比如,请客人喝茶,要将茶杯放在托盘上端出,并用双手奉上;茶杯应放在客人右手的前方;在边谈边饮时,要及时给客人添水;客人则需善"品",小口啜饮,满口生香,而不是一饮而尽,等等。

根据生活习惯,南方人爱喝绿茶,北方人爱喝花茶,东南沿海一带的人爱喝乌龙茶,欧美人爱喝红茶,特别是袋装红茶。可见,在了解以茶待客礼仪之前,对茶叶的品种和饮用特点做个简单介绍是很有必要的。

1. 茶叶的品种和饮用特点

根据加工、制作方法的不同,茶叶可分为绿茶、红茶、乌龙茶、花茶、砖茶、袋茶等几个品种。茶的品种不同,其饮用特点也有别,具体介绍如下:

★ 绿茶

常喝绿茶的人都知道,当年的新茶,特别是"明前茶"(也就是清明节前采摘的茶叶)是首选。绿茶更适合在夏天饮用,可以消暑降温。

我国著名的绿茶有:产于杭州龙井的龙井茶,产于江苏太湖洞庭山的碧螺春,产于安徽黄山的黄山毛峰,产于湖南洞庭湖青螺岛的君山银针,产于安徽六安齐云山的六安瓜片,产于河南信阳大别山区的信阳毛尖,产于贵州黔南都匀山区的都匀毛尖等。

★ 红茶

红茶的加工制作方法刚好和绿茶相反,它是以新鲜的茶叶经过烘制,等完全发酵后制作而成。在冲泡沏水之前,它的色泽油润乌黑。在冲泡后,它具有独特的浓香和爽口的滋味,还能暖胃补气,提神益智。红茶性温热,适合在冬天里饮用。

我国生产的红茶品种不少,其中最著名的就是安徽祁门县的祁门红茶。此外,还有产于云南西双版纳的滇红茶等。

★ 乌龙茶

乌龙茶的制作加工方法介于绿茶和红茶之间,是一种半发酵的茶叶。外形肥大、松散,茶叶边缘发酵,中间不发酵,整体外观上呈黑褐色。沏水冲泡后的乌龙茶色泽凝重鲜亮,芳香宜人。喝过后,不仅可以化解油腻,而且健胃提神。

我国乌龙茶多产于福建,其中最著名的是福建安溪县的铁观音、福建武夷山的武夷岩茶等。

★ 花茶

花茶,又叫香片,是以绿茶经过各种香花窨制而成的茶叶。它的最大特点,是冲泡沏水后芳香扑鼻,口感浓郁,味道鲜嫩。一年四季都可以饮用。

花茶可以分为茉莉花茶、桂花花茶、玫瑰花茶、白兰花茶、珠兰花茶、米兰花茶等多个品种。其中以茉莉花茶最受欢迎。

★ 砖茶

砖茶,又叫茶砖。是特意将茶叶压紧后,制作成的一种类似砖块形状的茶叶品种。它很受一些少数民族的喜爱,特别是添加奶、糖等之后煮着喝味道更美。

★ 袋茶

袋茶,不是茶叶的某一个品种,而是为了饮用方便,将绿茶、红茶、乌龙茶或花茶甚至是加入补品、药品分别装入纸袋内。饮用时将纸袋放进杯子,然后冲泡就行。袋茶是茶的一种方便饮品。

2. 茶具的选择礼仪

喝茶时,因所选茶叶不同,所以茶具的品种也不同。但一般情况下,喝茶都少不了储茶用具、泡茶用具、喝茶用具。

★ 储茶用具

储茶用具的基本要求是:防潮、避光、隔热、无味。如果要存放好的茶叶,最好用特制的茶叶罐,如铝罐、锡罐、竹罐,尽量不用玻璃罐、塑料罐;更不要长时间以纸张包装、存放茶叶。

★ 泡茶用具

喝茶讲究的人,对泡茶用具也十分挑剔。在比较正规的情况下,泡茶用具和喝茶用具往往要区分开。正规的泡茶用具,最常见的是茶壶,多是紫砂陶或陶瓷制成。

★ 喝茶用具

喝茶用具,主要是茶杯、茶碗。用茶杯喝茶最常见,也正规。使用茶碗喝茶,多出现在古色古香的茶馆里。

如果喝茶时同时使用茶壶,最好茶杯、茶壶相配套,以便美观而和谐,尽量不要东拼西凑。要是同时用多个茶杯,也应注意配套问题。不要选用破损、残缺、有裂纹、有茶锈或污垢的茶杯待客。

3. 敬茶的礼仪

★ 茶叶的取用

不要当着客人的面取茶冲泡。即使当着客人的面取茶,也不可以直接下手抓茶叶,而要用勺子取,或是直接以茶罐将茶叶倒进茶壶、茶杯。可能的话,多准备几种茶叶,使客人可以有多种选择。上茶前,应先问一下客人是喝茶还是喝饮料,如果喝茶习惯用哪一种茶,并提供几种可能的选择。不要自以为是,强人所难。如果只有一种茶叶,应事先说清楚。

★ 七分满

俗话说:酒满茶半。沏茶时应注意:茶不要太满,以七分满为宜。水温不宜太烫,以免客人不小心被烫伤。有两位以上的访客时,用茶盘端出的茶色要均匀,并要左手捧着茶盘底部,右手扶着茶盘的边缘。

★ 谁来奉茶

用茶待客时,由谁为来宾奉茶,往往涉及到对来宾重视程度的问题。在家里待客,通常由家里的晚辈或是家庭服务员为客人上茶。接待重要的客人时,最好是女主人,甚至主人自己亲自奉茶。在工作单位待客时,一般应由秘书、接待人为来客上茶。接待重要的客人时,应该由本单位在场的职位最高的人亲自奉茶。

祝酒、敬酒的礼节

比较郑重的宴请，皆有敬酒祝酒之举。相互敬酒、祝酒有表示友好、活跃气氛的作用，但"酒能成礼，过则伤德"，因此，清代张晋寿提出的"觥筹错落，各适其意"是很有道理的。商界人士祝酒、敬酒的过程中，应注意以下礼节：

1. 一视同仁

在很重要的场合，有时需要主人亲自斟酒。主人亲自斟酒时要注意：面面俱到，一视同仁；斟酒适量，白酒和啤酒都可以斟满，其他酒不用斟满。在正式场合，除主人和服务员外，其他宾客一般不要自行给别人斟酒。

2. 祝酒时机

敬酒也就是祝酒，指在正式宴会上，由男主人向来宾提议，提出某个事由而饮酒。敬酒可以随时在饮酒的过程中进行。要是致正式祝酒词，就应在特定的时间进行，并不要影响来宾的用餐。一般来说，祝酒适合在宾主入座后、用餐前开始，也可以在吃过主菜后、甜品上桌前进行。在祝酒时，通常要讲一些祝愿、祝福类的话，甚至主人和主宾还要发表一篇专门的祝酒词。祝酒词内容越短越好。

3. 敬酒的顺序

一般情况下，敬酒应以年龄大小、职位高低、宾主身份为先后顺序，一定要充分考虑好敬酒的顺序，分明主次。即使和不熟悉的人在一起喝酒，也要先打听一下身份或是留意别人对他的称号，避免出现尴尬。即使你有求于席上的某位客人，对他要倍加恭敬，但如果在场有更高身份或年长的人，也要先给尊长者敬酒。

4. 干杯助兴

在祝酒、敬酒时，一般要进行干杯，需要有人率先提议，可以是主人、主宾，也可以是在场的人。提议干杯时，应起身站立，右手端起酒杯，或者用右手拿起酒杯后，再以左手托扶杯底，面带微笑，目视其他特别是自己的祝酒对象，嘴里同时说着祝福的话。

有人提议干杯后，要手拿酒杯起身站立。即使是滴酒不沾，也要拿起杯子做做样子。将酒杯举到眼睛高度，说完"干杯"后，将酒一饮而尽或喝适量。然后，还要手拿酒杯和提议者对视一下。

5. 礼貌碰杯

在中餐里，干杯前，可以象征性地和对方碰一下酒杯。碰杯的时候，应该让自己的酒杯低于对方的酒杯，表示你的尊敬。当离对方比较远，可以用酒杯杯底轻碰桌面，这表示和对方碰杯。人多时可举杯示意，不一定一一碰杯，但一定不要交叉碰杯。

碰杯时，要目视对方致意，并说祝愿的话语。身份低者或年轻者与身份高者及年长者碰杯时，应稍欠身点头，杯缘比对方酒杯略低以示尊敬。在主人祝酒之后，客人之间也可互相敬酒。

6. 体谅对方

如果因为生活习惯或健康等原因不宜喝酒，可以委托亲友、部下、晚辈代喝或者以饮料、茶水代替。作为敬酒人，要充分体谅对方，在对方请人代酒或用饮料代替时，不要非让对方喝酒不可，也不应该好奇地"打破砂锅问到底"。要知道，别人没主动说明原因就表示对方认为这是他的隐私。

7. 注意事项

敬酒中需要注意的礼仪规范主要有以下几点：

★ 敬酒要注意先后顺序。在正式宴席上，一般先由主人向列席的来宾或客人敬酒,会饮酒的人则回敬一杯。如果宴席规模较大,主人则应依次到各桌敬酒,而各桌可派一位代表到主人所在的餐桌上回敬。

★ 敬酒时态度要热情、大方,应起立举杯齐目,目视对方,而整个敬酒过程中都不应将目光移开。

★ 敬酒要适可而止,见好就收。一般情形下,客人、长辈、女士不宜首先向主人、晚辈、男士敬酒。

★ 不管是在哪一种场合饮酒,都要有自知之明,并要好自为之,努力保持风度,做到"饮酒不醉为君子"。在任何时候,都不要争强好胜,故作潇洒,饮酒非要"一醉方休"才可。饮酒过多,不但易伤身体,而且容易出丑丢人,惹事生非。

解酒的 7 种绝招

1. 绝对避免空腹饮酒。一定要在喝酒前多吃含油脂的食物,如肥肉、蹄膀、牛奶、凤梨、番石榴等。

2. 不要相信咖啡、茶能解酒,他们的功效最多只能醒酒。

3. 不要依赖解酒药物,最好运用自然食物解酒。

4. 不要将汽水或苏打水掺入酒中以冲淡酒精浓度,这样做会适得其反。

5. 懂一些解酒之法。饮用高汤最能发挥解酒功效。

6. 喝酒时,多吃乳酪、蛋、肉类等蛋白质食物,有助于酒精的挥发。

7. 已喝酒过量,不妨多喝热汤或大量饮用开水,以冲淡酒精的浓度。另外,多吃一些水果,喝蜂蜜也为解酒上品。

第九章 社交篇
——职场礼仪之交流

如果你是对的,就要试着温和地、技巧地让对方同意你;如果你错了,就要迅速而热诚地承认。这要比自己争辩有效得多、有趣得多。

——戴尔·卡耐基

享有"美国礼仪之后"之称的蒲爱梅说:"礼仪有一条不可破坏的规矩是你必须对席上你的邻席谈话。你必须谈话,整个说起来就是这么回事。"在职场宴请中,吃饭只是作为一种形式,职场话题才是真正的内容,它的比重超过了50%。可见,职场宴请的核心在于谈话,通过谈话了解彼此,拉近双方的关系,结出友谊的硕果,达到宴请的目的。

有很多时候往往因为一句话,使得你和他人的距离可远可近、和他人的关系可有可无。作为职场人士,在宴席上你可能因为说错话而得罪人,或者因为不知道该说些什么、怎么说而感到尴尬。那么,席间如何说话才安全,才得体,才能达到宴请的目的呢?

宴席间交谈的原则

席间谈话体现着一个人的礼仪修养，好的交谈不仅是语言的流露，也是礼节的显现。因此，职场人士在席间交谈时，要文明礼貌，要遵循以下几项原则：

1. 距离适当

在席间，与对方交谈的距离要适度，以使对方能够听清内容为宜。亲密的近距离谈话，多用在情侣或亲朋好友之间。当然，也不能离对方太远，使对方听不清你说的话。对着别人说话时，应注意口腔卫生，不能唾沫四溅。在与众人谈话时，不应只与其中个别人交谈，冷落他人，要不失时机地向其他人打招呼，以示周全的礼仪，切不可目无他人。

2. 语言得当

宴席上可以显示出一个人的才华、常识、修养和交际风度，有时一句诙谐幽默的语言，会给客人留下很深的印象，使人无形中对你产生好感。所以，职场人士应该知道什么时候该说什么话，语言得当、诙谐幽默很关键。

3. 切合环境

所谓切合环境就是说话要注意得体，要与场合、时间、对象、性格、处境、心绪等符合。在职场宴请中，职场人士可以根据不同的场合，依靠自己的灵感，创造出让人快乐和切合心意的妙语，那样你的工作环境和工作效果就能大大改观。比如庆祝公司开业的宴请活动在一家饭店举行，正赶上了一场大雨，客人们觉得很懊丧，宴会气氛有点不愉快，这时公关经理，拿起酒杯，站起来微笑着高声说"老天爷作美,赶来凑热闹,这是入春以来的第一场好雨。好雨兆丰年,这象征着我们公司会蒸蒸日上、日益辉煌。雨过天晴是艳阳天,这说明今天在座的所有客人都将迎来更加灿烂的明天,我提议,为了创造和迎接雨过天晴的明天,大家干杯!"话音一落,宴会气氛就发生了变化,大家都活跃起来。

4. 把握大局

大多数职场宴请都有一个主题,也就是宴请的目的。赴宴时首先应环视一下大家的神态表情,分清主次,不要单纯地为了喝酒而喝酒,而失去交友的好机会,更不要让某些哗众取宠的酒徒搅乱宴会。

5. 时机恰当

在吃的时候,不要说话,等到咽下去之后再说话。嘴里塞满食物或者一边讲话一边摆弄刀叉、筷子是失礼的行为。如果要想说话,应暂时把手停下,轻轻放在桌边上。如果你想向一同进餐的人提问题,看到他满嘴含着食物,你可以先随便说一点有关的情况,等到他将食物咽下去之后再问。同样道理,别人向你说话时,不要口含食物急于回答,要等嚼完了口中之食再回答。

6. 众欢同乐

金口难开、沉默寡言是不符合进餐礼仪的。在餐桌上应热忱地与他人交谈,这是一种礼貌的表现。大多数酒宴宾客都较多,所以应尽量多谈论一些大部分人能够参与的、得到多数人认同的话题。因为个人的兴趣爱好、知识面不同,所以话题尽量不要太偏,还要避免唯我独尊、天南海北、神侃无边。

职场宴席间谈话的禁忌

在职场宴请中，边吃边谈是常有的事。虽然不提倡一坐下来就开始谈与工作有关的事宜，但是也不要过于随便，像同私人朋友那样在一起随心所欲地东拉西扯，即使在会谈气氛十分友好的情况下也不要无所顾忌。因为"说者无心，听者有意"，也许你无意间的一句话，正是别人最不想听到的，也许一句无意的话可能要你付出昂贵的代价。所以，席间要提出一个话题时，你一定要考虑其他人的情况。具体来讲，在宴席间不宜谈的话题包括以下几方面：

1. 忌谈个人隐私

在宴席间，轻松、有趣的话题是比较受欢迎的，不会在无意间伤害在座的人。有时候，好朋友一起聚餐，因为彼此间比较熟悉、亲密，就会不由自主谈一些别人的隐私或缺点，其实这是很不礼貌的行为，会让别人产生"在别的宴席上他会不会也谈一些我的私事呢？"的想法，从而对你"敬而远之"。在做客吃饭的时候，应该避免谈论个人隐私，多说一些轻松的话题，或者说一些过去的趣事，这样不仅增加就餐气氛，还能因此加深彼此的交情。

2. 忌讲恶心段子

为了调节用餐气氛，有人经常会说一些笑话，他的本意是好的，应该受到大家的欢迎。但要注意的是，讲笑话要区分场合，在就餐的时候就不应该说一些恶心的段子，让就餐者听了倒胃口，比如啤酒喝起来像马尿、屎壳郎搬家等恶心内容。无论是正式的还是非正式的就餐场合，说或者读一些恶心的段子,不仅影响用餐者的食欲,而且是一个人不文明的表现。即使你是一个幽默、爱开玩笑的人,切忌在宴席上乱讲不文明的段子。

3. 避免情感话题

在席间谈情感话题,未免太沉重了,也容易使就餐者情绪激动。无论是谁,突然抑制不住痛哭流涕或是冲出门去,对那个发问者和主人来讲,这顿美好的聚餐就毁了。

在席间,有的人可能遭遇了亲人病亡、离婚或其他严重的事情,而要熬过离婚、死亡和压抑需要很长一段时间,所以,谈话时要避免这些内容。如果有人问起你(无论问的方式有多礼貌),而你还未做好准备提及这些,就不要勉强自己回答。在发生这种情况之前,不妨及时打住,"对不起,我还没准备好提起这件事"或者"唉,别问了,我们再满上一杯吧"。这种方法也适用于应对那些会令你产生极端情绪化的话题。

餐桌上确实不应该讲一些悲戚之事,否则将破坏欢愉的气氛。如果有人无意间提到了这类话题,不妨利用敬酒、布菜或者是顺着对方谈话的某些细节,将话题内容转移到别的方面。

4. 公司情况有的不宜谈

在宴席间,很多人都会谈到自己工作的情况以及所在公司的情况,这本无可厚非。需要注意的是,有些情况不宜谈,如个人对公司某些人事的不满,自己公司经营管理方面的缺失,公司市场行销上的技巧,公司未来发展计划等。

5. 席间谈话宜忌

适于餐桌上的话题,以软性题材为要,如文化、旅游与运动等,都是很好的话题,也可以就近取材,如餐厅的布置、餐桌的摆饰、赞美菜肴、饮料等。不适于餐桌上的话题,主要是不愉快的、低级趣味的、争议性大的话题。具体而言,席间谈话说什么才安全,应避开什么话题呢?具体请见下表。

安全的话题	应避开的话题
交通	自己的健康状况
天气	他人的健康状况
体育	自己的收入，消费水平
旅游	有争议的兴趣、爱好
无争议的新闻，如奥运会赛事	低级趣味的笑话
环境问题	宗教信仰
对所在城市或宴请场所的赞美	小道消息
有趣的共同的经历	有关私生活的细节
书籍	个人的不幸
文学、艺术	争议性很大的问题，如离婚、堕胎或焚烧国旗

席间如何说话不失礼

中国人历来好客。"有朋自远方来，不亦乐乎？"可见国人好客的历史悠久。现代人把设宴招待当成一种有效的沟通手段。在席间，吃饭是次要的，说话才是主角。说得好，与餐者心情愉快，餐桌气氛活跃，宴请目的自然就容易达到。说不好，可能会"赔了夫人又折兵"。

那么，作为职场人士，在席间如何说话才受欢迎，才符合礼仪？下面是席间说话的几种技巧，可以作为参考。

1. 从小事谈起

想谈大事，必须先聊小事。不过很多人不喜欢闲聊，总觉得闲聊充其量不过是谈论天气和旅程，与自己的宴请目的没什么关系，简直是在浪费时间。其实不然，先聊一些无关紧要的小事可以巩固双方的关系，有助于宴请的成功。这就要求职场人士,平常多收集一些资料,充实自己的常识,那么在任何情况下都可以很快地找出适得其所的话题。如果实在找不出话题,讨论服饰通常最能引起共鸣,"你的西装颇具欧陆风"、"你戴的珍珠项链看起来很高贵",这些话题,都能很快地引起对方的兴趣,营造出热情的用餐气氛。

2. 巧妙引导话题

宴会上,男女主人的作用举足轻重,不仅要让宾客吃好喝好,还要引导谈话内容,吸引所有在座的宾客参加谈话,促使客人们相互谈论大家都感兴趣的话题,创造和谐的宴席气氛。如果发现有宾客为某一问题争执不休时,主人可以利用敬酒的方法转化话题,保持愉快的气氛。这样,宴会的每一个参加者都会对宴会留下美好的印象。

3. 渐入正题

在宴会上,一般不要一坐下来就谈正事。尤其是"接风"的宴会,不要在席间过多地谈及职场方面的事情,以免引起对方的不快。正确的做法是,在席间,多说一些问候语、表示欢迎的寒暄语、本地的风土人情等,以此增进彼此的了解和友谊。在宴会接近尾声时,逐渐地把话题引向有关日程安排,或征求对方的意见,或由双方商定。

4. 察言观色

要想在宴席上得到大家的赞赏,就必须学会察言观色。因为与人交际,就要了解人心,才能演好宴席上的角色。比如参加别人的谈话要先打招呼,看别人愿不愿和你交谈,不要随便插入话题。如果必须打断,应适时示意先致歉后插话,不能接过话题就滔滔不绝。

5. 要有分寸

宴席上要看清场合,正确估计自己的实力,不要太冲动,要把握说话的分寸,既不让别人小看自己又不要过分地表露自身,选择适当的机会,逐渐放射自己的锋芒,使大家不敢低估你的实力。

6. 把握谈工作的时机

工作餐讲究的是办事吃饭两不误。工作餐的进餐时间有限，所以，有关实质性问题的交谈，通常宜早不宜晚。

在较正式的宴请中，如果和客人不很熟，吃饭前人没来齐时，先把工作谈了，这样做的好处是让人家吃得心里踏实。如果和客人较熟，而且也不是什么复杂的事，可以在吃饭的时候提一下，不要具体说，而是到最后送客时顺门说一声"帮我办一下"就行了。当然，一切要以尊重客人的要求为前提。

7. 注意事项

★ 在宴席上，谈话要不温不火，不要急于进入正题，给人留下不专业的印象。不要拿出一大堆纸在席间分发。

★ 席间交谈时，要注视着对方的眼睛，除了回答外，也要主动地问话，这样话题才能持续，不会中断。当然，谈话也不可以太热烈以至忘了继续进食。

★ 席间尽量不要与人贴耳小声私语，给别人一种神秘感，即使你们没有说什么特别的话，也是不礼貌的。如果座位离得太远，交谈不便，也要避免大声说话。

★ 由于手机使用的频繁，在宴席间接到电话是常事，这时，应该礼貌地和同桌就餐的人说一声"对不起，我出去接个电话"。而不应该在餐桌上与来电者大声地、没完没了地讲电话。

席间寻找话题的一般方法

　　生活的滋味五味杂陈，添加了多味的谈话内容才能吸引人。生动活跃的交谈包括恰当的提问、热情的流露、信息的传递和耐心的倾听。每种"调料"各有所长。

　　有些人可以海阔天空、无话不谈，而有些人则有很多言谈禁忌。充满欢声笑语的宴会能靠谈资助兴，但这些谈资必须符合别人的口味。要注意的是，讲闲话、发牢骚属于"刺激性食物"。这样的谈话容易令人不快，并引起"消化不良"，因此须慎用。

　　一般来说，找话题的方法有以下几种：

　　1. 中心开花法

　　选择众人关心的事件为题，围绕人们的注意中心，引出大家的议论，使"语花"四溅，形成"中心开花"。这类话题是大家想谈、爱谈又能谈的，人人有话，自然就谈得热闹了。

　　2. 投石问路法

　　向河水中投块石子，探明水的深浅再前进，就能较有把握地过河。与陌生人交谈，先提些"投石"式的问题，在略有了解后再有目的地交谈，便能谈得较为投机。如在宴会上见到陌生的邻座，可先"投石"询问："您和主人是老同学呢，还是老同事？"然后可循着对方的答话交谈下去。如对方回答说是"老乡"，那也可谈下去。是北京老乡，可谈天安门、故宫、长城等；是福建老乡，可谈荔枝、龙眼、橘子，等等。

3. 循趣入题法

问明对方的兴趣,能顺利地找到话题,因为对方最感兴趣的事,总是最熟悉、最有话可谈,也最乐于谈的。如对方喜爱摄影,便可以此为题,谈摄影的取景、胶卷的选择、各类相机的优劣等。如你对摄影略知一二,那定能谈得很融洽。如你对摄影不了解,也可借此大开眼界。

4. 即兴引入法

巧妙地借用彼时、彼地、彼人的某些材料为题,借此引发交谈。

引出话题的方法还有很多,如"借事生题法"、"由情入题法"、"即景出题法"等。引话题,类似"抽线头"、"插路标",重点在引,目的在导出对方的话。

席间宾主致辞要领

在宴会上,双方最好能在开始前或结束后致辞,以活跃气氛。主人要通过讲话说明意图,客人要即席答谢以示礼貌。

1. 主人致辞要领

★ 致辞模式

主人的致辞大略都有这样的模式:

讲话开始,亲切称呼。

第一段,欢迎光临。

第二段,表述成功,深表谢意。

第三段,以赞扬表艰辛。

第四段,感恩促合作。

第五段,便宴表深情。

★ 主人致辞范例

贵宾们,朋友们:

今天各位能在百忙中大驾光临,我公司同仁非常高兴,热烈欢迎!

托各位的福,我公司梦寐以求的一千万元促销计划实现了!这应当归功于各位的支持,应当感谢有关各方的关照。我在这里向大家鞠躬了!

我们销售部的××到×市推销时,曾经遭到一些人的责难,大概是对我们这位年轻人的促销技巧感到压力吧!

在这次推销活动中,公司××因劳累过度而病倒了。可是他仍坚持接受推销定额,不顾一切地成天四处奔跑。不少客户被他的工作热情所感动,爽快地同他签订了购货合同。这大概是商人的义气吧!我要再次深深感谢这些客户。也要感谢为公司出了大力的同事们!

物资交流是双向的,购销协作是相互的。这次各位支持了我们,我们定将铭记在心;今后大家如有难处,我们公司自会出力。请相信我们吧!

为了庆祝实现一千万元的促销目标,本公司今天在此欢宴各位。虽然只是粗茶淡饭,却表明我们真挚之情。请大家不必客气,一定要吃好喝好。

今后我们将继续合作,共谋发展。为发展企业闯新路,为实现我省的经济腾飞作贡献!谢谢!

2. 客人致辞要领

★ 致辞模式

客人的致辞模式是：

开始，称呼各方。

第一段，表心情，致谢忱。

第二段，以感慨，引赞美。

第三段，说原因，表谦逊。

第四段，看市场，谈愿望。

第五段，谢款待，祝宏发。

★ 客人致辞范例

尊敬的主人，各位朋友：

本人参加今天的盛宴，感到十分荣幸，请允许我代表今天应邀的各位朋友，为×××公司实现促销目标表示热烈的祝贺！向热情好客的主人表示深切的感谢！

刚才听了×××的介绍，深感销售工作之难，促销策略之巧，领导之英明，员工之奋发。这种上下一心的敬业精神，实在是值得我们学习！

我们在这次促销活动中，尽了一点绵薄之力，这是双方长期合作的结果，也是被贵公司热情周到的服务所感动。×××如此过誉，我们真感到受之有愧了。

适应市场需要，搞活商品流通，是我们的共同愿望。贵公司是国有大企业，是我们的支柱和依靠。增进友谊，加强协作，对我们双方都有好处。我们愿为此尽心尽力。

最后，感谢东道主的盛情款待，预祝贵公司大展宏图！

如何提前为席间话题作准备

聚餐是共享美食、谈笑风生的宴会,而不是自顾自的自助餐,这意味着每个人都应该带上一份内容丰富、精心准备、令人满意的话题。但如果我们两手空空,或者在角落里踯躅,就可能悻悻而归。

良好的餐桌礼仪,意味着既掌握吃喝技巧,又精于交谈,从而使宴会达到预期的效果。无论是赴宴会,还是赴招待会,"吃饭当哑巴"这句俗话是不适用的。人们通常把联系工作、拉家常、谈古论今、结识新朋看得比饭菜本身更重要。这一点我们和外国人士是共通的。餐桌上你绝不可金口难开,枯坐一隅。

事先计划能使我们在用餐时有更丰富的话题,并对自备的话题充满信心。为此,我们可以做下列四件事:

1.聚餐准备

★ 准备三个话题、问题或故事与他人分享。

★ 准备四个常见问题备问。

★ 以新闻、个人经历(自己或别人的)、时事、书籍、体育比赛或电影为话题。

★ 考虑一下每个话题可能引起的其他问题以及你对它们的看法。

我们所做过的、知道的、观察到的、思考过的、怀疑过的那些无与伦比、令人吃惊、内涵丰富的事物都能成为诱人的谈资。

2. 珍惜唾手可得的谈资

所有的交谈都与生活相关,谈资无处不在,故事和佳句随处可见。想更好地记住有趣的事情、时刻和情节吗?试试下列方法:

★ 关注你刚刚耳闻目睹的事物,在脑海中再现。

★ 把它写下来。它并不是笑料或引用的故事,而是从出租车司机、客户以及其他人那里收集的谈资和个人的观察体会。记下了这些,才能保证不会遗忘。

★ 读读你的笔记。

★ 向亲朋好友讲述这些故事,或对着镜子复述。

3. 活页本里的故事

随身带个小活页笔记本,如果发生了生动有趣或值得一记的事,简略地记下日期、人物和事件的关键词。像优秀的记者那样,记下地点、时间、人物、内容、原因,然后记下感兴趣的妙语或讥讽之词。什么让你觉得睿智机警、尖刻辛辣、滑稽可笑?这些话来自何处?影响何在?征求当事人的允许,并对信息提供者表示感谢。

出色的健谈者会在谈话中提及谈资的来源,并在必要时表示感谢。他们会毫不掩饰地说:

★ "我在《清风》杂志上读到了张丰在一篇佳作中提出的最有意思的观点,他坚信……"

★ "一次我在县城开会时遇到了一件怪事……"

★ "哦,您也喜欢针织吗?您是怎样提高针织水平的?我的好友王力刚刚在全国针织展览会上获得了一等奖。"

把得来的谈资归功于当事人是大度的、恰当的,而且保证了内容的完整性。在努力照亮别人时,余光常常也会照亮我们自己。

如何应对令人不快的言谈者

在席间,人与人语言交流是少不了的,特别是职场宴请中,谈话技巧尤为重要。维持宴会愉悦轻松的气氛是每个人份内的事,但也有些赴宴者却好像故意刁难人,说的话使你想躲避又躲避不了,不躲避又如坐针毡。如果遇到这种情况,你应该怎么办呢?

下面总结了几种应对令人不快的言谈者的技巧,职场人员应该了解掌握,以便必要时派上用场。

1. 滔滔不绝者

在与人交谈时,没有谁喜欢与那种长篇大论、跟你说个没完没了的人交流。

★ 表现

在宴席上,有的人抓住一个话题就开始长篇大论,好像只有自己懂得最多,完全不给别人说话的机会。

★ 应对技巧

遇到滔滔不绝者,既不伤及对方感情,又让对方少说的法子是巧妙提问。一是根据他说的话题提问一些难题,比如"《红楼梦》这本书里金陵十二钗都是指谁?为什么××没有被列入?"等,让他不知怎么回答。这样一来,他就可能停止喋喋不休地演说,给你一个说话的机会。二是提问一些与当前话题无关的问题,如"打扰一下,现在几点了?""你的眼镜看起来不错,请问你戴得舒服吗?"等,这样一来,对方会感到有点惊愕,从而停顿下来,使你腾出时间来与别人交谈。

2. 探人隐私者

任何人都有隐私。在每个人的内心深处，都有着一块不希望被人侵犯的领地。一般来说，一个尊重他人的人，如果知道某某事情是他人隐私，便不会去问。可是有些人虽然伶牙俐齿、巧舌如簧，但却不知谈话的要领忌讳。

★ 表现

有些人出于无知，或者出于好奇，在宴席上可能会问你"年龄几何？""收入多少？""夫妻感情如何？"等让人厌恶回答的话题。甚至有的人明明知道某事是他人隐私，偏偏去询问，不懂得尊重他人。

★ 应对技巧

遇到探人隐私者，不要有什么就说什么，最好的法子是答非所问。这样，既不会得罪对方，又不会使对方的目的得逞。例如：如果有人问你："你晋升得挺快的，谁这么支持你呢？"你可以说："谢谢，全托你的福！"如果有人问你："你们公司今年的销售额怎么样？"你可以回答："与去年相比，上升了不少。"再例如：如果有人问你"奖金多少"，你可以说"不比别人多"。如果有人问你"如何追求女友的"，你可以说"如果你感兴趣，待我以后详细告诉你"。总之，对于对方的提问，不是不答，而是答非所问。

3. 唉声叹气者

人处世上，不如意事十之八九。每个人都有不愉快的经历，都有不得已的苦衷，找个人倾诉不是不可以，但是要注意场合。

★ 表现

有些对前途悲观失望、谈话以我为主的人，往往将自己的不幸、苦恼和忧虑当作谈话的主题。他们抓住谈话的机会就不断地向交谈对象诉苦，不断地唉声叹气，使交谈的人左右为难，听也不是，不听也不是。

★ 应对技巧

在唉声叹气者的心里，他们并不认为自己的能力差、抱负小，相反，他们

212

强烈地希望他人肯定自己有着了不起的天赋、有着不寻常的水平。与这样的人进行交流，应该恰当地肯定他的特长、赞扬他的功绩，给其注入蓬勃发展的活力。比如：遇到一个刚失恋的人向你诉苦，你可以这样说："有些东西，不是你的想得也得不到，是你的想逃也逃不掉，想开些。再说了，你这么优秀，不仅长得漂亮，又有一份好工作，什么样的人找不到……"这样的话，他们会对你非常亲近，并且对你感激不尽的。

4. "灭人志气"者

在宴席上，不免会遇到这样的人：话语尖锐辛辣。从他嘴里说出的话，好像一盆盆的冷水，不顾你是否接受，硬朝你头上泼去，非要把你心头的自信火种浇灭不可。

★ 表现

这种人往往是遭遇的失败比较多，对自己没有什么信心，又不把别人放在眼里，认为别人都一无是处，绝不如自己。这样的人往往能言善辩，却"茕茕孑立、形影相吊"，周围人对其敬而远之。与他交谈，一味顺承，会使他变本加厉。

★ 应对技巧

遇到这样的人，最有效的方法是要抓住机会，攻其痛处——他曾经的愚蠢、无能、可笑的地方，或者他当前说的话语漏洞，用词不当、逻辑错误，使他心中产生不快，从而使他推己及人，体会出他当前的错误举动，管住他的嘴。

5. 道人是非者

乐于道人是非，往往是妒心过盛的原因。"来说是非者，便是是非人。"不要以为把他人是非告诉你的人便是你的朋友。

★ 表现

乐于道人是非的人，一般在谁面前都会说别人的不是之处。即他在你面前说他人的坏处，自然也会在他人面前说你的坏处。这样的人心里往往巴不得他人越来越倒霉、越来越困窘。

★ 应对技巧

聪明人与这类人交谈,是不会推心置腹的。对于这样的人,不要因不满其行为而得罪他,最佳的方法是对他说的任何是非话题都作出冷淡的反应,从而让他知错而退。对他说的他人是非,又不能赞同,哼哼哈哈,不失为一种好办法。比如,有人向你抱怨同事如何的小气,如何的不会为人处事,你可以不作出明确的表态,同意或否定他的说法,而是以"哦,哦,哈哈,这样啊。"因为"哼"、"哈"是一种模糊语言,既会让道人是非者感受到你的成熟,又让他觉得这项话题无法再交流下去,从而中止谈话,或者使谈话朝着健康方向发展。

餐桌上如何摆脱窘境

宴席上的交流中,难免遇到一些令人难堪的窘境和难以回答的问题。这时候,该怎样说话?在说话上应注意哪些问题?总的原则是明辨事理,说话得体;该直言不讳的,就直言不讳;该巧妙回答的,就巧妙回答;该含糊的含糊……总之,从实际出发,看情况而定,碰上什么样的锁就用相应的钥匙开启。但有一点要注意,不要动怒发火,不要硬着头皮去顶,要控制情绪,运用语言的艺术去应对。

具体来讲,几种方法可以帮助你摆脱窘境:

1. 直言不讳

假如朋友或同事在宴席上责备你,而情况又不属实,一定使人难堪。你可以心平气和地直言:"我们是否私下谈谈这个问题? 我要求你把情况搞清楚了再说话。如果你不注意尊重事实,那我以后很难再信赖你。"倘若有人无故责怪你,你就明确地说:"你已经让我难堪了,但你总该告诉我这都是为了什么缘故吧?我什么地方把你得罪了?"当然,假若做错了什么事,哪怕不是有意的,也要诚恳道歉。

为了明辨事理,有些问题完全可以直言不讳地一语道破,不要含糊,也不必回避。这也是摆脱窘境经常用到的方法。

2. 含蓄委婉

对于一些人的言语,你需要含蓄说话,委婉处理,既要达到目的,又要息事宁人,防止矛盾激化。有时还需要隐蔽动机。

比如某个人总想出风头,为了出名不惜花钱买机会。一次宴会上,他对一位朋友,又是某项比赛的负责人说:"老兄,我赞助300元,让我当个评委怎么样?"这位"老兄"知道他没有资格当评委,可又不好直言:让你当评委,那评委还有威信吗?于是,他就以朋友的口气答复:"你钱多没处扔了?何必凑这个热闹?"这样既拒绝了不正当的要求,顾全了对方的情面,还会使对方感到可能是为他着想。

3. 巧妙闪避

有些问题很难说准确和下结论,直言相告可能会令人难以接受。碰到这类问题时,不要拘泥于正面解答,而要说一些与此相关的事物来引导对方深思,或是借取比喻、假设、移花接木、含蓄作答、略加暗示。这样,既不脱离所提出的问题,使对方满意;又可巧妙地避开疑难之处,超脱自如。

4. 含糊笼统

在宴席上,对于某些难以回答而又不好回避的问题,你可以含糊其辞,模棱两可,作隐晦笼统的回答,如"可能是这样","我也不大了解"等。有时候也可只用体态语言略有表示,以便有所回应而又避免明确表态。既摆脱了对方的纠缠,又给自己留下回旋余地。

5. 及时转换

"话不投机半句多",这时候要及时转向。话不投机有多情况。其一,某种言谈举止使人为难,那就要及时转换话题,协调气氛。其二,有人有意或无意地开玩笑,带有挖苦意味。如某人脱发快秃顶了,有人很可能挖苦他是"电灯泡"、"不毛之地"。在这种情况下,不可恼羞成怒,伤了和气;也不必忍气吞声。最好是一笑置之。其三,双方意见对立谈不拢,但问题还要解决,不能回避。这种话不投机的情况,就需要绕路引导,曲径通幽。

5. 反口诘问

在餐桌上,如有人责怪你在某个问题上变卦了。可反口诘问:"国家的政策还会调整呢!我一个普通老百姓,空口说了句白话,就不许变了?"这样反倒把对方问住了。再如有人和你因为某事争执不下,而又鄙视你说:"你懂什么?跟你争论,简直是对牛弹琴!"你可直接引过来,回敬对方:"对!牛弹琴!"这种直接的反诘是常用的方法。

宴席谈话中的"三宜三忌"

我国是个礼仪之邦,宴请聚餐是交际与生活中的常事。宴请为的是让你的亲朋好友、同学同事吃出好心情,加深彼此友情,从而达到预期目的。然而,倘若你在宴席间不注意谈话的"三宜三忌",就有可能使宴席产生事与愿违的负面效果,损害亲情友谊。那么,宴席间谈话的"三宜三忌"包括哪些内容呢?

1. 宴席谈话"三宜"

★ 宜说赞美宾客的话

在谈话时,你可以抓住席间每个人的特点长处。例如,四年的大学生活结束了，在同学间的告别宴席上，刘刚给在座的几个同学每人奉上一句祝福话。他对爱好电脑的小刘说："你是咱们班的电脑高手，总有一天，你会像丁磊一样成为网络架构设计师。"他又对爱好写作的小王同学说："小王近年文章频见报刊，似这样努力下去，一定会成为大作家。"刘刚这几句话，使在场的同学们个个面露笑意、精神振奋，直至散席，彼此间的心头仍荡漾着浓浓的暖意。虽然他的祈愿不一定会全部实现，但毫无疑问，每个人都爱听这样的话。可见，给面子的话令人欢欣、给人鼓舞，宴席间多说些这样的话一定会使宾朋满意。

★ 宜说让宾客感兴趣的话

有时候，宾客入席后一时找不到适宜的话语，空气就陷入了沉闷。这时，怎么办? 有效的方法是找宾客感兴趣的话题，这样，不仅打开了宾客的话匣子，而且令其兴致盎然，临别时还余兴未尽。比如：李强与杜远是大学时的同学，毕业后，李强做起了生意，发家致富了，而杜远进了一家文艺单位搞创作。近年，杜远虽写出了两个电视剧本发表在省、市级文艺刊物上，但却因多种原因未能投拍。这天，李强请小杜来家做客，席间，杜远似乎找不到合适的话说。于是，李强举起酒杯，敬到杜远面前，说："来，咱老同学难得见面，请干了这一杯。"尔后又说："你写的那两个电视剧本我都看过了，不简单，情节跌宕起伏，人物个性鲜明……"一听到老同学谈起自己的剧本，杜远的眼睛立刻亮了，于是，他俩从电视剧情节和悬念的设置，到人物形象的塑造，从剧本的写作到拍摄，话语滔滔不绝。

★ 宜说使宾客愉悦的话

上班族们平时工作节奏快、压力大，工作环境气氛严肃、凝重，因此，在业余时间，大家很需要有一个气氛活跃、精神轻松的环境调节一下。所以，席间，活跃的气氛很重要，它可以使宾客放松自己，畅所欲言。

2. 宴席谈话"三忌"

★ 忌说伤感的话

聚餐本是一件高兴的事,在席间应该把烦恼丢在一边,大家尽情欢乐。如果在宴席上说一些伤感的话,就不得体了。即使你是无意的,伤感的话还是会影响在座宾客的情绪。所以,说话一定要注意,伤感的话题不要提,否则一顿美餐可能会因一句话变得无味。有这样一个例子:

放假了,由老陈做东,请班组的工友们到一家餐馆聚餐,开席后,大家推杯换盏,气氛轻松。当宴席进行到一半时,老洪说自己最近身体欠佳,不肯多喝了。这时,做东的老陈为了劝酒,说:"唉,怕啥呢,再过个十年八载的,我们大家还不都得到'小龙弯'(当地火葬场所在地)去报到?"一句话,使席间所有宾客的脸色都暗淡下去,于是,这宴席的气氛就再也活跃不起来了。

★ 忌说损人的话

当今的世上,有人春风得意,有人落魄潦倒。再者,由于个人的性格各不相同,天时、地利、人和等要素和机遇的制约,各人的发展自然也就不尽相同了。地位一般的人不应有低人一等、人卑言微的感觉;身份显赫的人,说话也不要趾高气扬、盛气凌人。否则,你不得体的话,对于在座的人而言,无疑是芒刺在背、如坐针毡,这饭局也自然味同嚼蜡了。例如:同学聚会,大家都从各自的单位赶来。毕业后,彼此的处境各不相同,职位各有高低,这里只有小金的职位最高,身份最显赫。开席后,人们纷纷向小金敬酒;而地位平平的小郑却卑微地屈坐在一隅。于是,小金便有些神气地讥损说:"小郑呀,干吗蜗牛似地蜷缩着?我说你呀,那不随和的性格呀,就是吃不开。看看,这不,毕业这么些年了,还是个科员……"一句话,不仅使小郑难堪,也令在场的好几个科员面色尴尬。

★ 忌说揭底的话

宴席上当他人不愿意公开自己的某些信息时,千万不可刨根究底,"挖"

起来没完。比如一个人的收入、家财，这属于家庭的隐私，许多人都不愿意在众人面前抖底，这样的话题最好不要问，否则，被问的人可能会生气发火，甚至离席而去。下面就是一个这样的例子：

　　一次，刘学良请几个朋友吃饭。宴席开始后，刘学良说话便没遮没拦的了。他先是说在座的人的收入都比他高，并问旁边小董说："你家去年的收入多少啊？"然而，小董不愿意在众人面前公开他家的收入，便敷衍一句说："我还能有多少收入呢，和你半斤八两。"然而，刘学良却开始较真了，说："我哪能跟你比呢？我问你，你去年工资带奖金一共多少？其次，你签的订单提成也不少吧？还有，你业余时间做的几笔茶叶生意收入多少？"这时，席间所有的人都睁着惊讶的眼睛盯着小董。小董因被刘学良刨根究底抖落了收入隐私而怒火中烧，一气之下，离席而去，聚餐由此不欢而散。

提高餐桌谈话能力的6种方法

1. 喜欢别人是成功交谈的核心

　　你喜欢他人吗？如果你回答"是"，你就已经占有成功的先机了。喜欢别人是成功交谈的核心，如果你发现对方为人和善、乐于助人、诙谐幽默或见多识广，你肯定希望和他交谈。对方对此也会有所察觉，并乐于与你交谈。这样你和他们就建立了联系。

2. 充满自信

　　如果你在交谈中备感自信时，与别人的交谈就会更容易、更愉快。无论是业务联系还是私人交往，这种态度都会助你成功。对你的交谈能力充满自信能帮助你成为更优秀的经理、主管、老板和同事。这的确值得一试。

3. 谈对方感兴趣的话题

在人际交往中，要赢得他人的好感，使交际能够顺利进行，一个重要的秘诀就是谈对方感兴趣的话题。由于大多数人都只喜欢谈自己感兴趣的话题，因而当一小部分人能克制自己而去关心别人，能抛开自己的话题而去谈别人感兴趣的话题时，他就能轻易获得成功。

别人感兴趣的话题一般是对方经历中最辉煌的事情，最精彩的得意之作，因此，在交往之前，应先了解一些对方的基本情况，以便能有的放矢，更快地找到对方的兴奋点。当一时找不到对方感兴趣的话题时，可从身边的小事谈起，不要认为小事不值一提，不要自视清高。

4. 多谈小话题

在餐桌上谈论凶杀、战争、饥荒、瘟疫之类的"大话题"，显得不合时宜。小话题可以建立、增进和培养感情。只有通过交流，我们才能在工作和生活中建立并巩固可靠的人际关系，而这些关系可以为我们提供信息和资源。

聊聊小话题可以彼此交流信息、爱好、思想以及对一些问题的看法。通过谈论小话题，可以避免冷场的尴尬，可以判断对方的身份和喜好。而且，小话题也并非总是些鸡毛蒜皮的小事，有些人就是通过闲聊一些与艺术、体育、经济、政府计划或健康相关的话题而相互熟悉起来。

5. 耐心倾听对方

在交谈中重要的是倾听对方的谈话，从蛛丝马迹中找到线索，并利用这些线索使对方主动打开话匣子，积极参与交谈。在交谈时可以意想不到的方式将相关事物联系起来，发现自己和别人的相似之处。

没有什么比推销人员在向顾客推销和宣传产品时，对顾客不够注意和重视更糟糕的了。可以想象，当顾客说话时，如果你注意力不集中，东瞧西看；或者是你和他共进午餐时，你目不转睛地盯着一位漂亮的女服务员，如果是这样的话,顾客会怎么想呢?你的举动无非告诉他:你对他根本不重视。

用心去听并不是让你一言不发,恰当的时候,你还应该用适当的语言来激发他继续讲下去。

6. 妙用笑话和幽默

适当地讲些笑话,可以使语言充满幽默感,从而缓解人们的紧张情绪。例如,在一次家庭宴会上,有两人因琐事争吵起来,这时,主人借题发挥,讲了一个笑话:古时候,某君去朋友家赴宴,朋友招待不周,仅给他喝了几滴米酒。临走时,他恳求主人在左右两边腮帮子上各打一记耳光。主人不解其意。他说:为的是让我老婆看见我两颊通红,以为我吃饱喝足了……"听了这则笑话,刚才正在争吵的两人也不由自主地笑了起来,紧张的气氛一扫而光。

幽默对于谈话有着不可忽视的作用。当事情的讨论达到高潮或时限将到的时候,紧张的气氛往往会令人变得浮躁和头痛。这时幽默就像降压灵、镇静剂一样,可以有效地缓和紧张气氛。

第十章 涉外篇
——职场礼仪之外交

世界上最廉价，而且能得到最大收益的一项物质，就是礼节。

——拿破仑·希尔

在涉外交往中，用餐的问题尽管极其普通，但却十分重要。宴请，是涉外职场活动中一项经常举行的活动，它不是一般的吃喝，而是为了加强双方之间的交流，增进彼此感情，谋求双方关系进一步健康发展的一种重要的形式。因此，对各项工作都要精心安排，力求周到恰当，不出纰漏。

在宴请外宾时，如果对用餐的问题考虑不周，就会令对方不满。宴请时除了要注意节省开支、量力而行外，还需要注意哪些问题呢？

涉外宴请的基本原则

1. 尊重对方

在当今世界上,对国家尊严和个人尊严的问题极为敏感,有时候一些不当行为只是出于疏忽,而不是故意,表面看来无伤大雅,但实际上足以损害国家与组织的良好形象,更不要说是明目张胆地去冒犯人家了。所以,跟别人打交道时,如果不是原则问题,不是什么国格、人格、党纪、国法大是大非的问题,只是一般性沟通,就要有这样一个理念:客人永远是正确的,客人没有错,不要寻衅滋事,找别人毛病。

2. 不得纠正

不得纠正的意思,是要求在同外国友人打交道的过程中,只要对方的所作所为不危及其生命安全,不有违伦理道德,不触犯法律,不损害我方的国格人格,在原则上都可以对之悉听尊便,而不必予以干涉与纠正。遵守不得纠正的原则,是对对方尊重的一个重要的体现。

3. 仪表整洁

个人的仪表往往能反映出一个国家、一个民族的习惯,也体现着一个人的内在修养和学识,并在人们的交往中发挥着重要作用。日本著名的企业家松下幸之助有一次到理发店理发,理发师毫不客气地批评他说:"你是公司的代表,却这样不重衣冠,别人会怎么想,连人都这样邋遢,公司的产品还会好吗?"他听了这话觉得很有道理,从此就重视起自己的仪容来。

在参加涉外宴请时,职场人士的服装要注意与时间、地点及仪式内容相符。要注意头发整洁,发型美观大方,胡须要刮净,指甲要修剪,要保持外貌整洁美观。女士还应适度使用化妆品,以保持自己皮肤的细润,使自己更加显得活泼年轻。整洁的容貌不仅有助于你与外宾的交往,而且体现着本组织甚至国家的形象。

4. 举止大方

举止是指职场人员在涉外宴请中的姿态和风度。在涉外宴请中,站立、就座、行走,要自然稳重,不拘谨,不慌不忙,和外宾交往要热情相待,落落大方。对待西方发达国家,要防止崇洋媚外的心理,要维护民族尊严。对待暂时落后的国家,不搞大国沙文主义,对大小国家应一视同仁,礼仪安排应该平衡统一,不卑不亢,平等周到。

5. 尊重习俗

全世界有一百多个国家和地区。每个国家、每个民族的礼仪风俗各异,一一掌握好像也不可能,但作为一个职场人士,有些规律性的,特别是与我国习惯有明显差别的社交礼仪规则,还是很有必要了解和掌握的。比如,在中国,向他人劝菜,甚至为对方夹菜,是热情的表现。但对外宾不要反复劝菜,可向对方介绍中国菜的特点,吃不吃由他。同样道理,参加外宾举行的宴会,也不要指望主人会反复给你让菜。

6. 以礼相待

涉外宴请本身是一种互动行为。无论是在国内宴请外宾,还是在国外宴请外宾,都应热情友好,主动周到,特别是在国内,要使外宾有宾至如归之感。这是因为我国有尚礼好客的优良传统,作为职场人员应特别注意发扬这一优良传统。

7. 入乡随俗

各国的文化传统与中国差异很大,因而礼仪习俗在有些方面很自然地存在差别,即使就欧美国家而言,不同的国度、民族间,甚至同一个国家的不同区域间,礼仪习俗也有区别。这就要求职场人员在宴请外国客人时,要事先了解和掌握对方的一些礼仪习惯,做到"入乡随俗"、因人施礼,才不至于造成误会甚至闹出笑话。

8. 牢记禁忌

为了解对方基本情况,在谈话时,中国人喜欢问年龄、婚姻、住址等问题,但对外国人特别是西方人是绝对行不通的。外国人一般忌谈年龄、婚否、收入、住址、经历、工作和信仰。因为上述问题均被西方人看成个人隐私,是非常不欢迎他人询问的。

跟外国人打交道,一些在中国人看来很正常的举动,也会被认为是无礼甚至犯忌的行为。在西方国家,相互握手时,千万不要越过另两个人拉着的手去与第三个人握;抽烟时不要一次给第三个人点烟,据说,这样做会招来不幸。巴基斯坦人忌讳别人拍打右肩,认为那是警察逮捕人时用的动作。

要注意不同的手势在不同的国家或地区有着不同的含义,以免犯忌失礼。此外,在一些国家还有其他一些禁忌,比如数字、颜色、花卉、图案、服饰等,这些都要注意。

9. 保守机密

在涉外宴请中,要坚决维护国家主权和民族尊严,不做有损国格、人格的事。交谈中要回避政治、意识形态的分歧,注意保守国家秘密,严格执行保密法规。因为;酒席宴上的酒攻势,常使一些人头脑发热,失去了警惕,什么样的秘密都可以从他们口中得到。有这样的一个例子:据说,有家中国公司准备从日本引进一条流水线。谈判之前,日本方面为了取得有利的谈判地位,想攫取有关的背景材料,便主动前来该公司进行"考察"。在此期间,他们请该公司负责人到高级宾馆"一醉方休",结果公司经理在对方的万般"诚意"之下,喝了不少的酒,头脑发热,话匣子打开了,把 A 公司的外汇情况、产品销售情况吐了出来,后来在洽谈签订合同时吃了大亏,给公司造成了巨大损失。

所以,涉外宴请必须牢记保守党和国家或本组织的机密,绝不允许以友好、坦诚为借口,向外宾提供机密或提供对我方不利的情况或者资料。

涉外宴请的基本要求

1. 清楚世界各地的用餐时间

不同的国家和地区,用餐时间各不相同,职场人士需要掌握世界上各地的用餐时间。对于时常出国的职场人士来说,即使因时差反应而且饿得胃疼,也必须将就餐时间调整到东道国的时区上。

★ 美国吃饭时间通常比其他地方早得多。此外,你还需要调整一天中吃正餐的时间。

★ 在德国、以色列、拉丁美洲国家和意大利,午餐一般是"大餐"。

★ 在墨西哥,午餐一度曾是主餐,但现在情况正发生着变化。墨西哥城庞大而又繁忙,人们无法回家吃午饭。因此,许多墨西哥人便将正餐时间推迟到晚上 8~9 点。

最后,在用餐时间长短上,你也要依照当地标准。在这方面美国人的习惯常常与其他国家大相径庭。美国人不仅吃饭时间早,也比较快,而在其他国家,平常的一顿饭可以吃上几个小时。

2. 点菜考虑外国人的喜好

适宜于宴请外国友人的菜肴主要有下列四类:

★ 具有民族特色的菜肴。通常,春卷、元宵、水饺、龙须面、扬州炒饭、清炒豆芽、鱼香肉丝、宫保鸡丁、麻婆豆腐、咕噜肉、酸辣汤等具备中华民族特色的菜肴,往往受外国友人的欢迎。

★ 具有本地风味的菜肴。在饮食方面讲究的是"南甜,北咸,东辣,西酸"。各地的菜肴,风味不同。比如上海的"小绍兴三黄鸡",天津的"狗不理包子",西安的"老孙家羊肉泡馍",成都的"龙抄手"、"赖汤圆",开封的"灌汤包子",云南的"过桥米线",西双版纳的"菠萝饭",都在国内久负盛名,可用以款待外国友人。

★ 该餐馆的"特色菜"、"看家菜",主人还需细说其有关的典故,并且郑重其事地向客人们进行推荐。

★ 外宾本人喜欢的菜肴。在宴请外宾时,在有条件的时候,在以中国菜为主的同时,上一些对方所中意的家乡菜。

3. 了解外国人的禁忌

以东道主的身份设宴款待外国人时,不宜选择的菜肴主要有下列几类:

★ 触犯个人禁忌的菜肴。对此一定要在宴请外宾之前有所了解。在宴请多名外宾时,对每个人的个人禁忌都要有所了解。

★ 触犯民族禁忌的菜肴。

★ 触犯宗教禁忌的菜肴。在所有的饮食禁忌之中,宗教方面的饮食禁忌最为严格,而且绝对不容许丝毫有所触犯。

此外,如果宴会上个别人有特殊需要,也可以单独为其上菜。

4. 了解各国座次的意义

在不同的国家,用餐时座次的意义不尽相同。要记住,在国外不要自己找座位,要等主人示意你该坐在什么位置。

★ 美国,尊贵的客人一般是在主人的右侧。

★ 在瑞典和丹麦,尊贵的客人一般是在主人的左边。

★ 在瑞士,主人坐在桌子的一端,而贵客坐在另一端。

★ 在日本,贵客的位置总是在壁龛的前面,而且客人先坐。由于这是尊贵的位置,客人应该首先坚持让主人坐在那里,尽管最后客人也顺从主人并礼貌地就座。

5. 正确对待各种不同的食物

在中国、法国、日本和意大利等国,食品是艺术的形式、感情的表达、文化的体现、个人的劳动,也是保持健康的手段。接受食物就是接受主人,接受他所供职的公司以及他的祖国。所以,在国外接受宴请时,不要对食物挑毛病,应该上什么吃什么。

面对餐桌上的食物,如果你确实不想吃或不宜吃,最好解释一下,但理由要合情合理。比如确实存在过敏反应或不良健康状况,如溃疡或糖尿病。这时,作为主人,一般不会再勉强你吃下确实讨厌的食物,那是不礼貌的表现。对于不喜欢吃的事物,注意不要露出古怪的、难受的表情,建议你要为不能品尝这种看上去不错的食物而深表遗憾,对它的外观、气味加以肯定,而对你可以吃的任何食物则大加赞赏。

6. 知道各种饮料的相关礼仪

在不同的国家里,饮料的含义和礼仪不同。

★ 在英国,"茶"既可以是一杯加牛奶的浓茶,也可以是一顿饭。黄昏茶一般是黄昏时吃的一顿非正式但很丰盛的饭,包括许多食物,如热菜、三明治、糕点和水果蛋糕等。下午茶一般是下午吃的点心,包括茶、糕点、水果蛋糕和小三明治等。

★ 法国人可能会在饭后上咖啡,因为他们认为这有助于消化,这是不能拒绝的,有时甚至连拒绝的手势都会被认为是不礼貌的。

★ 在澳大利亚,根据地区不同,"茶"还可能是晚餐,而饭则是指午餐。

★ 在拉丁美洲,职场会谈中所上的咖啡一定要喝,如果实在不喜欢,象征性地喝一口也可以。不喝咖啡会被当作对人的侮辱,特别是在那些以咖啡为主要收入来源的国家。

7. 掌握外国人的饮酒习俗

有些国家饮酒习俗与我国完全不同,接待外宾之前,应有所了解。例如日本人讲究开怀畅饮,如果酒后出现不检点的言行,是不以为怪、可以原谅的。他们敬酒时不碰杯,而是敬酒者跪在被敬酒者面前,手提酒瓶,不停地给对方斟酒。

有的国家讲究拿酒杯应以整个手掌握住,如果是高脚杯,则应以手指捏住杯腿。喝啤酒不碰杯,但可互祝健康。

8. 了解外国人的祝酒讲究

一般来说按世界各地的礼节应由主人先祝酒。有些地方祝酒有其非常正式的形式。比如荷兰的祝酒程序一般包括目光交流、举杯,说"proost"并饮一口酒,再进行目光交流、举杯,然后放下酒杯。

在宾主双方致辞祝酒时,应停止饮酒和交谈。需要同外宾干杯时,应按礼宾顺序由主人与主宾首先干杯。与人敬酒或干杯时,应起立举杯,并目视对方。在场的人较多时,可同时举杯示意,不必一一碰杯。在干杯时,可说一两句简短友好的祝酒词,但不要太长。

9. 了解各国用餐中谈生意的时机

在许多国家,用餐是职场礼仪的一部分,但是在一些国家,用餐时谈有关生意的事还是不礼貌。所以,用餐时是否谈生意要看主人的意思,小心谨慎,见机行事。

作为职场人员,当你接待外国客人时,尤其是当他们第一次来中国时,要注意以下用餐和谈生意时机的区别:

★ 在葡萄牙,午餐时讨论工作问题通常是可行的,而晚餐一般都不谈有关生意的事宜。

★ 在欧洲,包括英国,工作招待一般安排在午餐时间,不过他们一般不会在此期间仔细讨论工作问题。

★ 法国人一般不愿在午餐或晚餐时谈生意。在法国有句这样的话："在梨和奶酪之间谈生意"，它是指有关工作的事要谈得快，并要在快吃完饭的时候谈。

★ 在日本，晚间的社交性饮酒和招待是职场文化中的一大部分。午餐不是谈生意的好时机，职场关系通常是通过晚餐来加强的。

涉外宴请的几种形式

以宴请的方式来款待宾客，是职场人士在对外交往中的一项经常性的活动，它不是一般的吃吃喝喝，而是人际交往的一种重要形式，故此宴请也有着不同的类型。国际上通用的宴请形式有宴会、招待会、茶会、工作餐等，而至于采取何种形式，一般根据活动的目的、邀请对象以及经费开支等因素来决定。

1. 宴会

宴会指在正餐时间举行的宴请活动，必须坐下进食，由服务员依次上菜。它大体分为国宴、正式宴会和便宴三种。按举行的时间，又有早宴（共进早餐）、午宴和晚宴之分。一般来讲，晚宴较白天的宴请更为隆重和正式。

★ 国宴。是国家元首或政府首脑为国家的庆典，或为外国元首、政府首脑来访而举行的正式宴会，规格最高。宴会厅内悬挂国旗，安排乐队演奏国歌及席间乐（一般为两国民族乐曲）。席间要致祝词或祝酒词。

★ 正式宴会。与国宴的安排大体相同，只是不挂国旗，不奏国歌。餐后在休息室上一小杯烈性酒，通常为白兰地。

我国在这方面做法简单,餐前一般在会客室稍作休息,通常只上茶和饮料,也可直接入席。席间一般用两种酒:一种甜酒,一种烈性酒。餐后不再回会客室,也不用上餐后酒。

★ 便宴。指非正式宴会,常见的有午宴和晚宴,也有共进早餐的。这类宴会形式简便,可以不排座次,不作正式讲话,菜肴道数也较少。西方人的午宴有时不上汤,不上烈性酒。便宴较亲切、自然,宜用于日常交往。

★ 家宴。指在家中设便宴招待客人。西方人喜欢采用这种形式,以示亲切友好。家宴往往由主妇亲自下厨烹调,家人共同招待。

2. 招待会

招待会是不备正餐、较为灵活的宴请方式,备有食物、酒水,通常不排固定的席位,可以自由走动。常见的有酒会与冷餐会两种。

★ 冷餐会。这种宴请的特点是不排座次,菜肴以冷食为主,也可以用热菜,连同餐具陈设在菜台上,供客人自取。客人可自由活动,可以多次取食。酒水陈放在桌上,也可由服务员端送。冷餐会可在室内或院子里举行,设小桌椅,自由入座,也可以站立进餐。根据主、宾双方身份,招待会规格可高可低,举办时间一般在中午12时至下午2时、下午5时至7时左右。这种形式一般用于官方正式活动,便于招待人数众多的宾客。

★ 酒会。又称鸡尾酒会,仅备酒水和小吃,不设座椅,仅置小桌。酒会往往在中午、下午、晚上举行。客人可在其间任何时候到达和退席,来去自由。这种形式较活泼,便于广泛接触交谈。

鸡尾酒是多种酒配合成的混合饮料。酒会上不一定都用鸡尾酒,但用的酒类品种较多,并配以各种果汁,一般不用烈性酒。食品多为三明治、面包、小香肠、炸春卷等各种小吃,以牙签取食。饮料和食品由服务员用托盘端送,或部分放置在桌上。

随着各国礼宾活动日趋简化,现在国际上举办大型活动往往采用酒会形式。庆祝节日、欢迎仪式，以及各种庆典，文艺、体育演出前后往往举行酒会。

3. 茶会

茶会就是指让客人品茶，是一种简便的招待形式。举行的时间一般在下午 4 时左右（亦有上午 10 时的）。茶会通常设在客厅。厅内设茶几、座椅，不排座次。如是为某贵宾举行的活动，入席时，应有意识地将主宾同主人安排坐在一起，其他人随意就座。茶会对茶叶、茶具的选择比较讲究，应具有地方特色，如一般用陶瓷器皿和地方名茶。外国人一般用红茶，略备点心和风味小吃。也有不用茶而用咖啡者，其组织安排与茶会相同。

4. 工作餐

在通常情况下，工作进餐是在职场交往中具有业务关系的合作伙伴，为进行接触、保持联系、交换信息或洽谈生意而用进餐的形式进行的职场聚会。工作餐是现代国际交往中常用的一种非正式宴请形式，利用用餐时间，边用餐边谈工作，常因日程安排不开而采用这种形式，一般分为工作早餐、工作午餐、工作晚餐。此类活动只请与工作有关的人员，不请配偶。双边工作进餐往往排席位，并用长桌，以便于谈话。如用长桌，其座位排法与会谈座位安排相似。

涉外宴请的基本程序

涉外宴请的程序比较复杂，其过程也较讲究。从确定宴请的目的、名义、对象、范围、形式以及宴请的时间、地点，到邀请、订菜、席位安排、现场布置、餐具准备以及宴请现场工作，都不能允许有稍许遗漏差错。下面分别介绍其基本程序。

1. 确定宴请的目的、对象、范围与形式

★ 宴请的目的可为某人,也可为某事,如为代表团来访,为庆祝节日、纪念日,为会议的开幕、闭幕,为饭店、商店的开业等。在国际交往中,还根据某种需要举办一些日常的宴请活动。

★ 确定邀请对象应考虑主、客身份对等。如宴请来访的外宾团组,主人的职务和专业应同团长对等对口,身份低使人感到冷淡,规格太高则无必要。日常交往宴请可酌情以个人名义或夫妇名义出面邀请。

★ 邀请范围是指请哪些人,请到哪一级别,请多少人,主人一方请什么人出来做陪。这要考虑多种因素,如宴请的性质、主宾的身份、国际惯例、对方对我方的做法等,然后再草拟具体邀请名单。被邀请人的姓名、职务、称呼,以及对方是否有配偶都要弄清。多边关系还要考虑政治关系,尽可能避免邀请政治上相互对立国家的人员出席同一活动。

★ 宴请形式一般按照当地的习惯做法。正式、规格高、人数少的以宴会为宜,人数多则以冷餐会或酒会更为合适,妇女活动多用茶会。

2. 确定时间、地点

★ 宴请的时间应适合主、客双方。注意不要选择对方的重大节假日和有重要活动或有禁忌的日子。小型宴请应首先征询主宾意见,最好相机当面或电话约请。主宾同意后,才可以约请其他客人。

★ 对宴请地点的选择,官方正式隆重的活动,一般安排在政府、议会大厦或宾馆内举行,其余则按活动性质、规模和主人意愿及实际情况而定。举行小型正式宴会,如可能,可在宴会厅外设休息室,供宴会前作简短叙谈用,待主宾到达后一起进宴会厅入席。

3. 发邀请信和请柬

宴请活动,一般均发请柬,这既是礼貌,也供客人备忘用。便宴约妥后,也可不发请柬。工作进餐一般不发请柬。有些国家,邀请最高领导人作为主宾参加活动,需单独发邀请信,其他宾客发请柬。

★ 请柬内容包括活动时间及地点、形式、主人姓名。行文不用标点符号,其中人名、单位名、节日和活动名称都应采用全称。中文请柬行文中不提被邀请人姓名(其姓名写在请柬信封上),主人姓名放在落款处。请柬格式与行文方面,中外文本的差异较大,注意不能生硬照译。请柬可以印刷也可手写,手写字迹要美观、清晰。

★ 请柬信封上被邀请人的姓名、职务要书写准确。国际上习惯对夫妇两人发一张请柬,我国国内如遇此种情况凭请柬入场的场合需每人一张。正式宴会,最好能在发请柬之前排好座次,并在信封下角注上席次号。请柬发出后,应及时落实出席情况,准确记载,以便调整席位。

★ 请柬一般提前一周到二周发出。已经口头约妥的活动,仍应补送,在请柬右上方或下方注上"To remind"(备忘)字样。需安排座位的宴请活动,应注上被邀者答复能否出席。请柬上一般注上 R.S.V.P(请答复)法文缩写字样,并注明联系电话,也可用电话询问能否出席。

★ 请柬的几种格式:

正式宴会请柬:

例一:

为欢迎×××州长率领的美国×××州友好代表团访问杭州谨订于××××年×月×日(星期×)晚×时在××饭店××阁举行酒会

敬请光临

R.S.V.P

×××省人民政府

例二:

为××××先生谨订于××××年×月×日(星期×)晚×时在××宾馆××

楼举行宴会

　　　　敬请光临

　　　　　　　　　　　　　　　　　　　　　　　　××××公司

　　　　　　　　　　　　　　　　　　　　　　　　总经理××

普通请柬：

　　　谨订于××××年×月×日（星期×）晚×时在××饭店举行宴会

　　　敬请光临

　　　敬请回复

　　　电话：×××××××　　　　　　　　　　　　×××（主人姓名）

4. 订菜

　　宴请的酒菜根据活动形式和规格，在规定的费用标准以内安排，选菜主要考虑主宾的喜好和禁忌。如个别人有特殊需要，也可以单独为其上菜。菜肴道数和分量都要适宜。在地方上，宜用有地方特色的食品招待，用本地产的名酒。不能以个人认为名贵的菜招待客人。无论哪一种宴请，事先均应开列菜单，并征求主要负责人的同意。宴会可印制或书写菜单，菜单一般1桌2份，至少1份。

5. 席位安排

　　正式宴会一般均排座次，也可只排部分客人的座次，其他人只排桌次或自由入座。在入座前通知到每一个出席者，现场应有人引导。

　　★ 按国际惯例，桌次高低以离主桌位置远近而定，右高左低。桌数较多时，要摆桌次卡。同一桌上，座次高低以离主人的座位远近而定。外国习惯，男女穿插安排，以女主人为准，主宾在女主人右上方，主宾夫人在男主人右上方。

　　★ 在排座次前，要把主、客双方出席名单分别按礼宾次序开列出来。除此以外，在具体安排座次时，还需要考虑其他实际情况。适当照顾身份大体相同、使用同一语言,或属同一专业的,可排在一起。翻译一般安排在主宾的右侧。在许多国家,翻译不上席,只安排坐在主人和主宾的背后,以便工作。

★ 遇特殊情况要灵活处理。如遇主宾身份高于主人,为表示对他的尊重,也可以把主宾摆在主人的位置上,而主人则坐在主宾位置上,第二主人坐在主宾的左侧。如果本国出席人员中有身份高于主人者,可以由身份高者坐主位,主人坐身份高者左侧。主宾有夫人,而主人的夫人又不能出席,通常可以请其他身份相当的妇女作第二主人。如无适当身份的妇女出席,也可以把主宾夫妇安排在主人的左右两侧。

★ 座次排妥后着手写座签。我方举行的宴会,中文写在上面,外文写在下面。可打印,也可用钢笔或毛笔书写,字不能太小,以便于辨认。便宴、家宴可以不摆座签,但主人对客人的座位要有大致安排。

6. 现场布置

宴会厅和休息室的布置取决于活动的性质和形式。官方正式活动场所的布置应严肃、庄重、大方。

★ 宴会可以用圆桌也可以用长桌或方桌。两桌以上的宴会,桌子之间的距离要适当,座位之间的距离也要相等。如安排有乐队演奏席间乐,不要离得太近,乐声宜轻。宴会休息室通常放小茶几或小圆桌,与酒会布置类同。如人数少,也可按客厅布置。

★ 冷餐会的菜台用长方桌,通常靠四周陈设,也可根据宴会厅情况,摆在房间的中间。如坐下用餐,可摆四五人一桌的方桌或圆桌。座位要安排足够,以便客人自由就座。

★ 酒会一般摆小圆桌或茶几,以便放花瓶、烟缸、干果、小吃等。也可以在四周放些椅子,供妇孺体弱者就座。

7. 准备餐具

★ 应按人数和菜肴的道数准备餐具。餐桌用品要保持清洁卫生。餐巾、桌布应清洁熨平。酒杯、饮料、碗碟、筷子、刀叉应洗净擦亮。应准备足够每道菜撤换用的菜盘。

★ 中式餐用筷子、匙、碗、盘、小碟、酱醋碟等。饮料杯放在菜盘前，右上方放酒杯，酒杯数和种类应与所上酒的品种相同。餐巾折成花形插在饮料杯中，或叠放在菜盘上。宴请外宾时，除筷子外，应放上刀叉。酱、醋等佐料通常一桌两份。公筷、公勺应备有筷、勺座，一般有两套，分别摆在主人和第二主人面前。餐桌上应备有牙签。

★ 西餐的餐具有刀、叉、匙、盘、杯等。刀分食用刀、鱼刀、肉刀（刀口有锯齿，用于切牛排、猪排）、奶油刀、水果刀。叉分食用叉、鱼叉、龙虾叉。匙有汤匙、菜匙等。杯的种类更多，茶杯、咖啡杯应为瓷器，并配杯托；饮料杯、酒杯为玻璃制品，不同的酒使用的酒杯规格亦不相同；几道酒就配有几种酒杯。西餐具的摆法是：正面放食盘（汤盘），其左侧放叉，右侧放刀，上方放匙（汤匙及甜食匙），再上方放酒杯，右起分别为烈性酒或开胃酒杯、葡萄酒杯、香槟酒杯和饮料杯。餐巾插在饮料杯内或摆在食盘上。面包奶油盘在左上方。吃正餐，刀叉数目应与菜的道数相等，按上菜顺序由外至里排列，刀口向内。用餐时应按此顺序取用。撤盘时，一并撤去使用过的刀叉。

8. 宴请现场的礼宾工作

★ 主人应在门口组成迎宾线迎接客人。其位置在客人进门存衣以后进入休息厅之前。同客人握手后，由工作人员引客进餐前休息室，或者直接进入宴会厅，但不入座。休息室内有相应身份的人员照料客人。主宾到达后由主人陪同进入休息室与其他客人见面，然后准时进入宴会厅，全体客人就坐，宴会正式开始。

★ 正式宴会一般要致辞，可由主人在用甜食前先讲话，再由客人讲。一般宴会可在客人入席后即致辞。冷餐会和酒会讲话时间则更灵活。用完水果，主人、主宾起立，宴会结束。

★ 外国人的日常宴请在女主人为第一主人时，往往以她的行为为准。入席时女主人先坐下，并由女主人招呼客人开始就餐。餐毕，女主人请全体女宾一起退出宴会厅，然后男宾起立，尾随进入休息室。男女宾客在休息室会齐，再上茶（咖啡）等饮料。主宾告辞，主人应送至门口，然后与其他客人握别。

★ 家宴比较随便。客人到达，主人主动趋前握手，如主人正与其他客人周旋，则客人应前去握手问好。餐毕即可陆续告辞。通常男宾先与男主人告别，女宾与女主人告别，然后交叉，再与家庭其他成员握别。

★ 礼宾人员应提前到现场检查落实准备工作。如是宴会，事先将座签及菜单摆好。座签置于酒杯前或平摆于餐具前方，不能放在餐盘内。菜单放在餐具右侧。

★ 宴会前要落实讲稿。一般双方事先交换讲稿，举办宴会的一方先提供。代表团访问，欢迎宴会由东道国先提供讲稿；回请则由代表团先提供讲稿。现场译员应事先商定。

赴宴者需知的礼仪要求

职场人员在涉外宴请中，不仅要遵守国内社交活动的一般礼仪规则，而且在言谈举止、仪表态度等方面有着更为严格的要求。

1. 赴宴者的恰当礼仪

★ 接到宴会邀请后（无论是请柬还是邀请信），能否出席要尽早答复对方。对注有 R.S.V.P.（请答复）字样的，无论出席与否，均应迅速答复。注有"Regrests only"（不能出席请答复）字样的，如要出席，可不回复，但不能出席时则应及时回复。经口头约妥再发来请柬,上面一般注有"To remind"(备忘)字样,只起提醒作用,不必答复。答复对方,可打电话或复便函。

接受邀请之后,不要随意改动。万一有特殊情况不能出席,尤其是主宾,应尽早向主人解释、道歉,甚至亲自登门致歉。

★ 出席宴会,根据各国习惯,正点或晚一两分钟抵达;在我国,要求正点或提前几分钟或按主人的要求到达。身份高者可略迟到达,一般客人宜略早到达,主宾退席后再陆续告辞。出席酒会,可在请柬上注明的时间内到达。确实有事需提前退席,应向主人说明后悄悄离去,也可事前打招呼,届时离席,迟到、早退、逗留时间过短均有失礼或有意冷落之嫌。

★ 到达宴请地点,先到衣帽间脱下大衣和帽子,然后前往主人迎宾处,主动向主人问好或祝贺。参加外国庆祝活动,可按国际惯例赠送花束或花篮。参加家宴,可酌情赠女主人一些鲜花。

★ 应邀出席宴请,应听从主人安排入席。如是宴会,进入宴会厅之前,先了解自己的席次和座次,入座时注意桌上座签是否写有自己的名字,如邻座是年长者或妇女,应主动协助他们先坐下。

★ 主人举杯招呼,宴会正式开始才可进餐。取菜时,不要盛得过多。盘中食物吃完后,如不够,可以再取。如由服务员分菜,需增添时,服务员送上时再取。如遇本人不能吃或不爱吃的菜肴,当服务员上菜或主人夹菜时,不要拒绝,可取少量放在盘内,并表示"谢谢,够了"。对不合口味的菜,勿显露出难堪的表情。

进食要文雅。闭嘴咀嚼,吃东西不要发出声音,喝汤不要啜。如汤、菜太热,切勿用嘴吹,可稍待凉后再吃。嘴内的鱼刺、骨头不要直接外吐,用餐巾掩口,用手(吃中餐可用筷子)取出,或应放在盘内,不要放在桌上。嘴内有食物时,不要说话。剔牙时,用手或餐巾掩口。

★ 用餐期间,应主动与同桌的人交谈,尤其是左右邻座。不要只同几个熟人或只同一两个人说话。邻座如系初见,可主动自我介绍。

★ 祝酒时,主人和主宾先碰,人多可同时举杯示意,不一定碰杯,切忌交叉碰杯。在主人和主宾致辞、祝酒时,应暂停进餐、交谈,注意倾听。奏国歌时应肃立。主人和主宾讲完话与主宾席人员碰杯后,往往到其他各席敬酒,这时应起立举杯,碰杯时,要目视对方致意。

宴会上相互敬酒能增进友情,活跃气氛,但切忌酗酒。外事活动中喝酒必须控制在本人酒量的 1/3 以内。

★ 吃梨、苹果等水果,不要整个咬,可先用水果刀切成几瓣,再用刀去皮、核,然后用手拿着吃。橙子用刀切成块吃,柑桔、荔枝等则可剥了皮吃。其余如西瓜、菠萝等,一般已去皮切成块,吃时可用水果刀切成小块用叉取食。

★ 在上虾、蟹时,有时送上一小水盂,水面洒有玫瑰花瓣、柠檬片或茶水,供洗手用,切勿当做一道汤食用。洗时两手轮流沾湿指头,轻轻涮洗,然后用餐巾或小毛巾擦干。

★ 有时主人备有小纪念品,宴会结束时,招呼客人带上。遇此,可稍赞扬,但不必郑重表示感谢。有时,外国访问者往往把宴会菜单作为纪念品带走, 有时请同席者在菜单上签名留念。除主人特别示意作为纪念品的东西外,各种招待用品,包括糖果、水果、香烟等,都不要拿走。

★ 有时在出席私人宴请活动之后,往往致以便函或名片表示感谢。

★ 冷餐会、酒会,不要抢着去取食,不要围在菜台旁边,取够即退开。

★ 餐具的使用要得法,尤其是用西餐时。中餐的餐具主要是碗、盘、筷, 西餐则是刀、叉、盘子。通常宴请外国人吃中餐,亦以中餐西吃为多,既摆碗筷,又设刀叉。刀叉的使用是右手持刀,左手持叉,将食物切成小块,然后用叉送入嘴内。欧洲人使用时不换手,即从切割到送食均以左手持叉。美国人则切割后,把刀放下,右手持叉送食入口。就餐时按刀叉顺序由外往里取用。

除喝汤外,不用匙进食。汤用深盘或用小碗盛放,喝时用汤匙由内往外舀起送入嘴。即将喝尽，可将盘向外略托起。

★ 宴会中如发生意外情况，例如用力过猛，使餐具发出声响，或摔落地上，或打翻酒水等，不要着急。餐具碰出声音，可轻轻向邻座（或主人）说一声"对不起"。餐具掉落可由服务员另换一副。酒水打翻溅到邻座身上，应表示歉意，协助擦干；如对方是妇女，只要把干净餐巾或手帕递上即可，由她自由擦干。

2. 赴宴者不恰当的礼仪

★ 接到宴会邀请后，不主动及时答复是否出席。不能出席时又不向主人道歉。

★ 在宴会中迟到、早退、逗留时间过短。确实有事需提前退席，不向主人说明就悄悄离去。

★ 遇到本人不能吃或不爱吃的菜肴，当着大家的面就拒绝服务员上菜或主人夹菜，或是对不合口味的菜显露出难堪的表情。

★ 进食不文雅。吃东西发出声音；汤、菜太热时，用嘴使劲地吹；当众毫无遮掩地剔牙等。

★ 不是主人特别示意作为纪念品的东西，如各种招待用品，包括糖果、水果、香烟等，统统拿走。

★ 在宴会中，使餐具发出声响，或摔落地上，或打翻酒水等，而不表示歉意。

涉外宴请的基本礼仪

1. 掌握出席宴请的时间

英国作家爱默生说过："要以一个人对时间的重视程度来衡量这个人。"在现代，时间是效率、是速度、是生命、是金钱的观念被越来越多的人所接受。外国有句谚语:"宁可丢掉钱袋,也别违约失言。"失约是极为失礼的行为。

在涉外宴请中,应根据活动的性质和当地的习惯掌握时间,迟到、早退、逗留时间过短则被视为失礼或有意冷落。一般情况下,身份高者可略晚到达;普通客人宜略为早些到达,待主宾退席后再陆续告辞。出席宴会,根据各地习惯,正点或晚一两分钟抵达;出席酒会,可按请柬上注明的时间到达。如果因故迟到,应向主人和其他来客道歉。万一因故不能按时赴宴,要礼貌地尽早通知主人,并表示歉意。

2. 确定规格

涉外交往中宴请的目的有多种,可以是宴请某人,也可以是为某件事宴请。宴请可以采用家宴、小型宴会、大型宴会。时间一般安排在主、客双方均较方便的时候。宴请宾客,不宜铺张浪费。

3. 发出请柬

请柬上应注明时间、地点,以方便宾客。若所选的地点不易找到,应在发出请柬时详细向客人说明。

4. 礼貌迎宾

客人到达时,主人在门口迎接。如无法抽身离开,也可安排其他人员迎接。

5. 安排菜单

以本地特色菜为主,可先向宾客介绍特色菜,供其选择;要注意对方的饮食禁忌。

6. 座次安排

安排客人坐上首,由主人陪同;一般以主人右方为尊,可以根据宾客的身份、地位做适当安排。

7. 致祝酒词

若双方需要在席上讲话或致祝酒词,主宾入座后既可发表讲话。一般是主人先讲,主宾随后。祝酒时,主人和主宾先碰杯,人多时也可同时举杯示意。主人或主宾致辞或祝酒时,其他客人注意聆听,以示尊重。

8. 吃相文雅

嘴内有食物时,闭嘴咀嚼勿说话;喝汤忌啜,吃东西不发出声音;剔牙时,用手或餐巾遮口;嘴内的鱼刺、骨头不可直接外吐,用餐巾掩嘴取出,或轻轻吐在叉上,放在菜盘内;吃剩的菜,用过的餐具、牙签,都应放在盘内,勿置放在桌面上。

9. 取菜适量

参加自助餐的宴请时,取菜要适量而止;盘中食物吃完后再取;取食时按凉菜(冷盘)、热菜(主菜)、点心、水果的次序分盘适量取用,一次取食一盘,忌不分青红皂白取用高高一盘或一次拿多盘。

10. 自觉排队

如取食客人较多,按顺序排队取食,或稍等人少时再取食,忌逆人流取食。如由招待员分菜,需增添时,待招待员送上时再取;如遇本人不能吃或不爱吃的菜肴,当招待员上菜或主人夹菜时,可轻声谢绝,或取少许放在盘内;对不合口味的菜,勿显露出难堪的表情。

11. 注意事项

★ 忌喝酒过量、失言失态。中外饮酒习俗有差异,对外宾可以敬酒,不宜劝酒,尤其是不能劝女宾干杯。

★ 就餐时,餐具碰出声音,可轻轻向邻座(或向主人)说一声"对不起"。

★ 餐具掉落,可由招待员另送一副。

★ 酒水打翻溅到邻座身上,应表示歉意,协助擦干;如对方是女士,只要把干净餐巾或手帕递上,由她自行擦干即可,忌自己手忙脚乱地帮助别人,效果适得其反。

各国餐具的基本用法

世界各国的餐具有着不同的形状，也有着不同的使用方法，掌握不同的使用方法对涉外交往有着重要的意义。

1. 东亚和东南亚国家

日本和新加坡等东亚和东南亚国家普遍使用筷子。使用筷子吃饭时，当暂时不用的时候，把它们放在筷子架上，或放在座位前的盘子边或平放在吃碟上，也可平放在饭碗上。一般筷子架是带凹槽的小瓷座，也有金属做的。但千万注意在这些国家不要将筷子竖着插在米饭里，这是敬祖宗上供祭祀时专用的方式，平时吃饭时这样放筷子会被认为没有教养。一般也不要用嘴舔筷子，或用筷子指着别人说话，显得不礼貌。

2. 欧洲和美洲

在欧洲和美洲的一些国家，包括保加利亚、克罗地亚、捷克、匈牙利、波兰，还有南美洲的阿根廷、巴西、智利和秘鲁，就餐时使用的是持刀叉的方式，即右手握刀，左手持叉，用刀将食物推到叉子上来吃。在用这种方法进餐时，一般要等吃完后才放下刀叉。

在美国、西班牙、瑞士和其他使用刀叉的国家，刀叉不用时呈 V 字形摆放，吃完后将刀叉并排放在盘子里。但是，任何事情都不是一成不变的，所以要看主人怎样做，你可以模仿他的做法。在委内瑞拉，吃完后将刀叉放在盘子中间。不论用哪种方式，不要将餐刀一半放在盘子里，一半放在桌子上。在法国，餐桌上摆的面包一般应该撕一块下来而不用刀切。

亚洲国家的饮食习惯

1. 日本

日本人的饮食习惯别具一格,他们的日常饮食主要有三种料理:

第一种是传统的日本料理,又称"和食"。这是日本人祖祖辈辈传下来的独特饮食方式,这种料理中最典型的食物要算是"沙西米"(生鱼片),"司盖阿盖"(类似我国的火锅)、"寿司"和日本面条等。日本人的早餐喜喝稀饭,由于受外来影响也喝牛奶,吃面包。午餐、晚餐一般吃米饭,副食以鱼类和蔬菜为主。

第二种是从中国传过去的"中华料理",即中餐。他们偏爱我国的广东菜、北京菜、淮扬菜以及不带辣味的四川菜。

第三种就是从欧洲传过去的"西洋料理",即西餐。具体到某个日本人究竟喜食何种料理,则要看具体对象而定,不过,最为普遍的还是这三种料理的混合选用。

日本是岛国,海产品多,所以日本人爱吃鱼并且吃法也很多,如蒸、烤、煎、炸等,鱼元汤也是他们喜爱的。吃生鱼片时要配辣味以解腥杀菌。日本人还爱吃面酱、酱菜、紫菜、酸梅等。吃凉菜时,他们喜欢在凉菜上撒上少许芝麻、紫菜末、生姜丝等,起调味点缀作用,同时也作为这盘菜没动过的标志。

2. 韩国

韩国人的饮食以辣和酸为主要特点。韩国人以米饭为主食,早餐也习惯吃米饭,不吃稀饭。韩国人爱吃辣椒、泡菜,烧烤中要加辣椒、胡椒、大蒜等辛辣的调味品。近年来韩国的烧烤，在我国也开始盛行起来。韩国人平时喜食香干绿豆芽、肉丝炒蛋、肉末线粉、干烧桂鱼、辣子鸡丁、四季火锅等菜肴。对他们来说，汤是每餐必不可少的。有时汤中要放猪肉、牛肉、狗肉、鸡肉烧煮，有时也简单地倒些酱油，加点豆芽即成。韩国人最爱吃的是"炖汤"，这是用辣椒酱配以豆腐、鱼片、泡菜或其他肉类和蔬菜加水煮制的。此外，他们也爱吃醋调成的生拌凉菜。但不喜爱吃带甜酸味的热炒菜肴。

3. 朝鲜

朝鲜人的饮食极富其民族特色。主食是米、面。以米饭、打糕、冷面、饺子汤为主。朝鲜人菜肴偏辣、偏酸，他们做菜时忌油腻，不放糖，不加花椒，爱吃清淡之物。朝鲜人还大都爱吃狗肉，爱喝酒，日常饮料则是凉白开水或清茶，用餐时他们通常不喝清汤。在朝鲜菜里，名声最大的有泡菜、烤牛肉、人参鸡等。朝鲜人主要的饮食禁忌是鸭子、羊肉、肥猪肉。

4. 新加坡

宴请新加坡客户，需注意他们的口味。新加坡人喜欢清淡，爱微甜味道。新加坡的主食为米饭、包子，不吃馒头，香酥鸡、番茄白菜卷、鸡丝豌豆、手抓羊肉等风味菜肴；副食为鱼虾，如炒鱼片、油炸鱼、炒虾仁等。吃水果爱吃桃子、荔枝、梨。他们爱喝啤酒、东北葡萄酒等饮料，偏爱中国的广东菜。

5. 泰国

泰国人主食为大米，副食是蔬菜和鱼。早餐多吃西餐，午餐吃中国的广东菜、四川菜。喜欢吃辛辣食品，而且越辣越好。可能是天气炎热和喜食辛辣的缘故，泰国人在餐前有先喝一大杯冰水的习惯。泰国人不爱吃牛肉及红烧食品，食物中不习惯放糖。对于饮料，泰国人爱喝白兰地和苏打水，也喝啤酒、咖啡，饮红茶时爱吃干点心和小蛋糕。饭后喜欢吃鸭梨、苹果等水果，但不吃香蕉。

欧洲国家的饮食习惯

1. 英国

英国人饮食没有什么特别的禁忌,只是口味喜清淡酥香,不爱辣味。有些比较讲究的英国人一日四餐,早餐丰盛,一般吃麦片、三明治、奶油点心、煮鸡蛋、饮果汁或牛奶;午餐简单;下午茶也算一餐,通常喝茶,吃面包、点心;晚餐最讲究,吃煮鸡、煮牛肉等食物,也吃猪、羊肉。英国人做菜不爱放酒,调味品放在餐桌上,任进餐者调味。

英国人普遍对上餐馆不感兴趣,不管是平时用餐,还是喜庆节日用餐,一般都在家里,由家庭主妇亲手烹调。较丰富的宴会备有两种以上的酒,吃鱼的时候上白葡萄酒,吃肉菜的时候上红葡萄酒。如果最后还有香槟酒,那就是很隆重的宴会。要是主人有正式的祝酒词,一般是在上甜食和香槟时才站起来讲话。英国人在席间不劝酒,更不灌酒。客主饮多饮少各自随便。但也不时互相举杯,说一声"祝你健康"。不喝酒的人不必勉强,不愿喝酒太杂的人也可以拒绝一两种。

2. 德国

德国人是十分讲究饮食的,他们以面食为主食,餐桌上主角是肉类。德国人最爱吃猪肉、牛肉。除猪肝脏之外,其他动物内脏不为其接受。除北部地区的少数居民之外,德国人大都不爱吃鱼、虾。即便在吃鱼时也不准讲话。这是德国的一种独特的民俗。

在饮料方面,德国人最欣赏的是啤酒。德国人用餐时有以下几条特殊的规矩:若同时饮用啤酒与葡萄酒,宜先饮啤酒,后饮葡萄酒;在外出用餐时,德国人很爱选择自助餐的方式;吃鱼用的刀叉不得用来吃肉和奶酪;食盘中不宜堆积过多的食物。不得用餐巾来扇风。忌吃核桃。

3. 法国

法国人早餐一般吃面包、黄油,喝牛奶、浓咖啡;午餐喜欢吃炖鸡、炖牛肉、炖火腿、焖龙虾、炖鱼等;晚餐是讲究的,所以晚餐一般很丰盛。法国人各种蔬菜都喜欢吃,但要新鲜;他们不喜辣味,爱吃冷盘,对冷盘中的食品,习惯自己切着吃。所以若我们用中餐招待他们,要在摆中餐具的同时摆上刀叉。法国人不太喜欢吃汤菜。

法国人的口味特点是喜鲜嫩、肥浓,做菜用酒较重;肉类菜不烧得太熟,有的只有三四成熟,最多七八成熟;喜欢生吃牡蛎。菜肴的配料爱用大蒜、丁香、芹菜、胡萝卜和洋葱。此外,法国人还爱吃蜗牛、青蛙腿及酥食点心。他们的家常菜是牛排和土豆丝,鹅肝是法国的名贵菜。法国人每天都离不开奶酪。他们不爱吃不长鳞片的鱼类,爱吃水果,而且餐餐要用。

法国人喜欢喝啤酒、葡萄酒、苹果酒、牛奶、红茶、咖啡、清汤等。

4. 意大利

意大利人很喜欢吃面食,但除了面包、蛋糕之外,只是把面食当作一道菜来享用。他们餐桌上的第一道菜是上面食,而且大都讲究要把它做得半生不熟。意大利人爱吃炒米饭,但也是将炒米饭当做一道菜来吃的,并且在每次用餐时,面食、炒饭二者之中只选择一种。

意式菜肴在口味上接近法式菜肴,它注重浓、香、烂,偏爱酸、甜、辣。在烹饪方法上,多采用焖、烩、煎、炸,而不喜欢烧、烤。

意大利人大都嗜酒,在饮的酒类之中,他们最爱喝葡萄酒。他们之中不少人鼻子红红的,据说就与饮酒过量有关,在饮酒时,他们注重与菜肴的搭配。

5. 俄罗斯

俄罗斯人日常以面包为主食,鱼、肉、禽、蛋和蔬菜为副食。他们喜食牛、羊肉,但不大爱吃猪肉。偏爱酸、甜、咸和微辣口味的食品。

俄罗斯人的早餐较简单,吃上几片黑面包,一杯酸牛奶就可以了。但午餐和晚餐很讲究,他们要吃肉饼、牛排、红烧牛肉、烤羊肉串、烤山鸡、鱼肉丸子、炸马铃薯、红烩的鸡、鱼等。俄罗斯人爱吃中国许多肉类菜肴,对北京的烤鸭很欣赏,但不吃木耳、海蜇、海参之类的食品。俄罗斯人在午餐和晚餐时一定要喝汤,而且要求汤汁浓,如鱼片汤、肉丸汤、鸡汁汤等。

其他国家的饮食习惯

1. 美国

美国人的饮食习惯因地区而异,因民族而异,总体特征是:喜食"生"、"冷"、"淡"的食物,不刻意讲究形式与排场,而强调营养搭配。

美国人的食物以肉类为主,牛肉是他们的最爱,鸡肉、鱼肉、火鸡肉也受其欢迎。快节奏的社会生活使美国人饮食日趋简便、快捷,快餐在美国得以大行其道,热狗、炸鸡、土豆片、三明治、汉堡包、面包圈、披萨饼、冰淇淋等,在美国可谓老少咸宜,成为美国人平日餐桌上的主角。

美国人会请亲朋好友们上自己家里共进晚餐,但美国人看重是形式本身,实际内容却不甚讲究。因此,美国人请客只准备两、三道菜是极为正常的。

2. 南非

在饮食习惯上,当地的白人平日以吃西餐为主,他们经常吃牛肉、鸡肉、鸡蛋和面包,并且爱喝咖啡与红茶。

南非黑人的主食是玉米、薯类、豆类。在肉食方面,他们喜欢吃牛肉和羊肉,但是一般不吃猪肉,也不大吃鱼。与其他许多国家的黑人有所不同的是,南非的黑人不喜欢生食,而是爱吃熟食。

南非最著名的饮料,是被称为"南非国饮"的如宝茶。深受南非各界人士的推崇,与钻石、黄金一道,被称为"南非三宝"。

3. 澳大利亚

澳大利亚人的饮食习惯可谓多种多样。就主流社会而言,人们一般喜欢英式西餐,口味清淡,不喜油腻,忌食辣味。

澳大利亚人的主食是面包,爱吃牛羊肉,爱喝牛奶、咖啡、啤酒等。澳大利亚人喜欢吃新鲜蔬菜、煎蛋、炒蛋、火腿、鱼、虾、牛肉等。对于中餐,他们偏爱广东菜。澳大利亚人一般不吃狗肉、猫肉、蛇肉,不吃动物的内脏与头爪。对于加了味精的食物,他们也十分厌恶。用餐时澳大利亚人使用刀、叉。平时澳大利亚人很爱外出野餐,并以烧烤为主。

4. 新西兰

他们的口味比较清淡,对动物蛋白和乳制品需求量很大。牛肉、羊肉、鸡肉、鱼肉都是他们所爱吃的。在用餐时,他们以刀叉取食,但是忌讳吃饭时频频与人交谈。几维果即中国人的猕猴桃,是新西兰人最爱吃的一种水果,并且是其待客和出口的主要果品。在新西兰人眼里,它是"国果"。

受英国习俗的影响,他们也养成了"一日六茶"的习惯,即每一天要喝六次茶。它们分别被称为早茶、早餐茶、午餐茶、下午茶、晚餐茶和晚茶。新西兰人中爱喝酒的不少,不管是威士忌之类的烈性酒,还是啤酒或葡萄酒,新西兰人都非常喜欢。

亚洲国家的职场宴请礼仪

　　了解并掌握不同国家的职场宴请礼仪，对每个涉外工作人员来说都是很重要的。

　　1. 韩国

　　韩国人在接待职场方面的客人时，多在饭店或酒吧举行宴请，以西餐形式招待，因此韩国拥有许多西餐馆，比较常见的西餐快餐食品有汉堡包、炸鸡、热狗等。韩国社会没有收取小费的习惯，客人进餐不必支付小费。

　　韩国人在用餐时很讲究礼节，用餐时不能随便出声，不可边吃边谈，如不注意这一小节，往往会被人看不起，引起反感。用餐时韩国人用筷子，为环保韩国餐馆只提供铁筷子。关于筷子的讲究是，与长辈同桌就餐时不许先动筷子，不可用筷子对别人指指点点，用餐完将筷子整齐地放在餐桌上。

　　在韩国，吃饭时有向客人劝酒的习惯，跟我国某些地区相似。不喝就是失礼。因此只好一醉方休。吃饭席间，如果向别人传递物品，要用左手支撑右臂或右腕，以示对对方的尊重。

　　2. 朝鲜

　　在宴客饮酒时，朝鲜人的主要礼节是：斟酒要按照年龄、辈分、地位的顺序，依次由高而低地进行；在敬酒时，敬酒人必须先向对方鞠躬，然后再致祝词；在碰杯时，杯子须较对方低；敬酒后，应先向对方鞠躬，然后方可离去。

　　3. 新加坡

　　招待的方式通常是请吃晚饭或午餐。当地人一般不会邀请初次见面的客人吃饭，然而主人对来访者有所了解后，便可举行正式宴会，并在席间洽谈业务。同样，来访者也不应急于请客，经常不断的会见将使双方更为接近，到那时互相宴请也为时不晚。只要不是公事宴会，客人可偕同妻子出席。

新加坡人，大都喜欢饮茶，当客人来时都会以茶相待，春节来临之际，新加坡人经常还会在清茶中加入橄榄饮用，并且称之为"元宝茶"。他们认为喝这种茶可令人"财运亨通"。

朋友和同事之间经常不事先约定就互相走访，但是如果你和主人家不太熟悉，应先打电话。无论如何，不要在进餐时间之前拜访，这样会使别人感到他们不得不请你留下来吃饭。

4. 日本

在日本，如果想和日本人进行职场会餐，最好让日本人首先发出晚餐邀请，要让有身份的日本人为你订晚餐的菜，在你离开日本前，再发答谢邀请。晚餐之后，必定要准备一场狂饮酒会。在日本，狂饮酒会是建立职场关系的一个不可分割的部分。同时，它也是让别人了解你的真实感受的极好机会。如果某一外国客人在就餐中不同日本人一起喝啤酒，那么，他往往会显得很丢面子。当你正在喝酒的时候，不要谈论职场，这是放松自己、建立相互信任关系的时机。在日本，狂饮是人们发泄自己感情的一种办法，而且喝得酩酊大醉也不以为耻。彼此同时喝醉，正好证明他们之间的友谊和忠诚。

日本人不给他人敬烟，与日本人交往时若想吸烟，通常是在征得对方同意后才行事。以酒待客时，他们认为让客人自己斟酒是失礼的，应由主人或侍者代斟为妥，并且要注意斟酒的方法，即斟酒者右手持壶，左手托底，壶嘴不能碰到杯口。客人则需右手持杯，左手托杯底接受斟酒为礼。通常接受第一杯酒而不接受第二杯不为失礼。

在日本，职场晚宴几乎从不邀请对方的配偶参加。日本男人很少或者几乎没有同妇女进行社交活动，尤其是平等地进行社交活动的经验。如果你为商界同仁在餐馆中安排一次宴会,通常要提前交现金小费,以保证有周到的服务。

请日本人吃饭要注意他们的口味,日本人吃菜喜清淡,忌油腻,爱吃鲜中带甜的菜,还爱吃牛肉、鸡蛋、清水大蟹、海带、精猪肉和豆腐等。但不喜欢吃羊肉和猪内脏。日本人喜欢喝酒。

日本人吃饭使用筷子有许多讲究,切忌为客人备餐时将筷子垂直插入米饭中,因为垂直插着筷子的米饭在日本是用来祭奉死者的。

欧洲国家的职场宴请礼仪

不同的国家、不同的民族,有不同的职场宴请礼仪。比如,德国商人一般不宴客,除非有重要的合约,因为他们不愿意浪费时间;法国商人视宴客为工作场所活动的一部分。下面介绍一下欧洲主要国家的宴请礼仪。

1. 德国

德国人很少邀请同事或业务上的客人去家中吃饭,一旦邀请,应当视为一种荣誉,一定要接受邀请,并要得体,准时到达,还要为女主人带一束鲜花,而且送前要打开包装。但不要送带有浪漫色彩的红玫瑰,也不要送13支或偶数的花。

若是小型的私人晚宴,有时贴心的主人也会特别发函邀请,请宴的方式是派对式的热闹场面还是正式的晚餐,都会清楚地写在邀请卡上。一旦事先了解了宴请的种类与方式,在参加宴请时,也就不用担心会失礼了。

德国人的主食一般是面包、蛋糕,也吃面条和米饭。宴请德国人吃饭,要注意他们不大喜欢吃鱼虾等海鲜，也不爱吃油腻、过辣的菜肴，口味喜清淡、甜酸。他们爱吃各种水果和甜点心。饮料，德国人以啤酒为主，也爱喝葡萄酒。

如果主人是位女性，而且又是在饭馆里宴请客人，作为女主人应当注意避免男宾尴尬，因为西方职场传统上是男人的天下。在餐馆中宴客，她应该在请柬上或在用餐一开始就向客人清楚说明他们是公司的客人，而不是她个人的客人。她最好事先安排把账单送到她办公室，或者事先与餐馆的负责人讲清，她是请客的主人。当男客人进来时，她不必站起来。作为男宾，他应该把她当作男子来对待。但是，宴席结束后，他还要帮助她穿上外套，并为她开餐厅门。如果宴会是在夜间，宴会结束时，男士应设法解决无男性伴侣的女士的交通工具问题。男士可以将女士护送回其住所，或亲自送上计程车，不能只向女士道个晚安就离开了。

2. 法国

对法国人来说，吃饭是做生意的开幕式，他们很重视选择适当的饭馆和菜式，以此来表达对客人的尊重和诚意。

法国人把工作餐看得很重要。因为在法国，与人做生意，保持良好的个人关系很重要。所以，在开始谈生意之前，要明白是和一个什么样的人做生意，最好的办法就是吃工作餐，脱离正式的工作环境，来到一个轻松的环境。有一个统计，法国人的工作餐的平均时间是 124 分钟，而美国人的工作餐平均时间是 67 分钟。法国人与新客户的工作餐可以维持 3 个小时，而晚宴在下班后可能持续几个小时。

在法国，职场宴请的另一种形式是公司酒会。这种公司酒会有时候仅限于职员参加；有时候则由每个职员另带一位客人，这位客人可以是妻子或丈夫，也可以是其他人。公司酒会上，上级对部属可以随便、亲昵一些，但是作为职员不要忘形而表现出对上司过于随便。在有来宾的酒会上，作为来宾的妻子或丈夫,与公司老板谈话时要注意,不要抱怨自己的妻子或丈夫工作太忙、收入太少,或透露家庭困难。

商界宴客一般不需要像社交请客那样一一回请。比如同上司一同出差,上司请了下属,下属不必回请上司。公司中下属一般不能邀请上司外出吃饭,如果上司请部属到家中吃饭,则可以回请上司,邀请应以书面的形式向上司及其配偶发出,男性下属应由妻子写邀请信。

3. 英国

英国商人一般不喜欢邀请客人至家中饮宴,聚会大都在酒店、饭店进行。在英国,不流行邀请对方在早餐时谈生意。午餐和晚餐是业务宴客中的两种最普通形式,与正常的社交惯例有两种主要区别,一是完全为了"谈业务",二是由于资辈次序不同而可以不按常规排列席位。同时,即使有妇女参加,通常也为数极少。重大的宴请活动,大都放在晚餐时进行。

假如没有女主人的话,主宾应坐在主人的右边,第二位重要客人则应坐在左边。业务上所居的地位优先于社会地位,一个高级负责人所坐的席位应优先于下级负责人,即使这个下级是一个伯爵。但有时席位的先后可全都不考虑,人们往往坐在最需要和他们谈话的人旁边,或者公司职员和来宾相间就座。在正式的宴会上,一般不准吸烟。进餐吸烟,被视为失礼。

英国商人的饮宴,在某种意义上说,是俭朴为主。他们讨厌浪费的人。比如说,要泡茶请客,如果来客中有三位,一定只烧三份的水。英国对饮茶十分讲究,各阶层的人都喜欢饮茶,尤其是妇女嗜茶成癖。英国人还有饮下午茶的习惯,即在下午 3~4 点钟的时候,放下手中的工作,喝一杯红茶,有时也吃块点心,休息一刻钟,称为"茶休"。主人常邀请你共同喝下午茶,遇到这种情况,大可不必推却。

4. 意大利

意大利人热情好客,如果你被人邀请,则不能拒绝,那样做是不礼貌的。

午餐在一天中是最丰盛的一餐,时间一般持续两三个小时,在意大利,互相赠送职场性礼物也是很普遍的。意大利人交谈的话题一般有足球、家庭事务、公司事务以及当地新闻等,避免谈美式足球和政治。

意大利人喜欢吃米饭、面食,面食的种类繁多,不仅可以当主食还可以当菜肴。他们喜欢中国的粤菜、川菜。酒是意大利人离不开的饮料,特别是葡萄酒,一般吃一顿饭,菜只要两三道,但酒却要喝上一二个小时,连喝咖啡也要兑上酒。和意大利人喝酒,宜浅酌而不要过量。喝醉酒被认为是一件有失体面的事。

意大利商人经常在午餐时谈业务,因此可能吃上 3 个小时。意大利食物不仅仅是通心粉和披萨饼,至少有 7 种不同地区风味的菜肴。意大利人为他们的奶酪、红酒、面包和调味品感到自豪。

5. 俄罗斯

职场用餐一般用于庆祝合同的签订而非谈判。让主人点菜,需要适当喝一点酒,以帮助建立紧密的关系。在大部分职场和社交宴请中,都会有很多轮祝酒。俄罗斯人的酒量很大,最喜欢喝高度烈性的伏特加,一般用小玻璃杯盛着而且不加冰。我国的二锅头等名酒也很受他们的欢迎。他们喜欢喝红茶,通常不喝绿茶。

俄罗斯人日常以面包为主食,鱼、肉、禽、蛋和蔬菜为副食。他们喜欢吃牛、羊肉,但不大爱吃猪肉。偏爱酸、甜、咸和微辣口味的食品。

用餐之时,俄罗斯人多用刀叉。他们忌讳用餐发出声响,并且不能用匙直接饮茶,或让其直立于杯中。通常,他们吃饭时只用盘子,而不用碗。

参加俄罗斯人的宴请时,宜对其菜肴加以称道,并且尽量多吃一些,俄罗斯人将手放在喉部,一般表示已经吃饱。

6. 荷兰

荷兰商人喜爱相互招待宴请,往往早餐丰富,上午 10 时休息吃茶点,中午大吃一顿,下午4时又休息吃茶点,晚上7时正式吃晚餐,睡前还有一次宵夜。如果荷兰人邀请你到他家坐坐,大多只请你喝几杯酒,然后出去上饭馆吃饭,记得带花送给他太太,但务必是单数,5朵或7朵最好。

工作午餐通常十分简单,也许只有三明治、奶酪和水果。上午和下午都有休息时间,可以用些小点心。咖啡是全天最好的选择,一般只在下午才喝茶。荷兰的奶制品是世界有名的。啤酒和杜松子酒也同样不错。

荷兰人习惯吃西餐,但对中餐也颇感兴趣。荷兰人倒咖啡有特别的讲究,只能倒到杯子的2/3处。倒满是失礼的,被视为缺乏教养。

其他国家的职场宴请礼仪

1. 美国

美国人请客吃饭,属公务交往性质的,多安排在饭店、俱乐部进行,由所在公司支付费用,关系密切的亲朋好友才邀请到家中赴宴。

美国人不喜欢大摆宴席,倒是喜欢借早餐、午餐之机边进餐边谈工作,讨论业务,称为"工作早餐"或"工作午餐"。在美国,职场午餐很普及,时间也很紧凑,一般在中午11:30左右开始。一般午餐时不喝酒。

为了表示友好,使客人感到方便,不拘束,美国人一般是在自己家里请客人,而不是在餐馆里请客。一般受邀参加宴会,并不需要特别携带礼物。但是在节假日或周末受邀到家里做客,则最好带一点小礼物,如鲜花、酒或一盒糖,送给女主人,表示感谢。一般说,美国人不喜欢随便送礼,有的在接受到礼物时常常显得有些难为情。至于圣诞晚宴,是一定要准备礼物的。在美